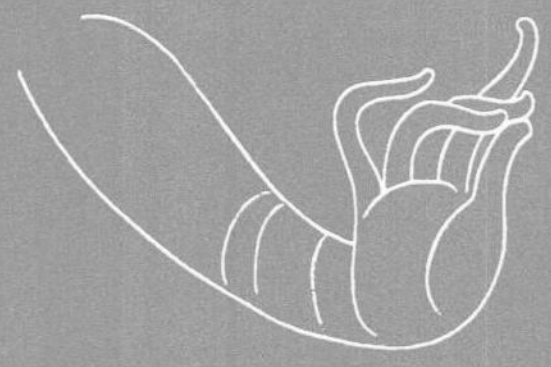

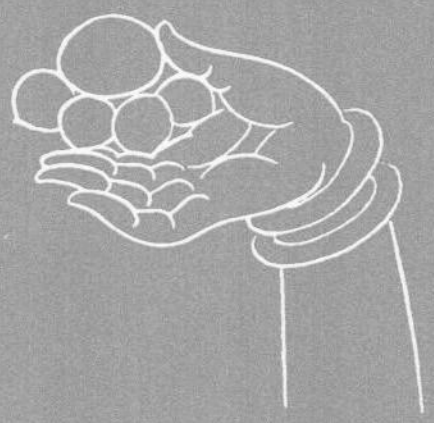

【敦煌鉴赏】

精选50窟

莫高窟·榆林窟·西千佛洞

樊锦诗

（敦煌研究院名誉院长）

刘永增

（原敦煌研究院考古研究所所长）

江苏凤凰美术出版社

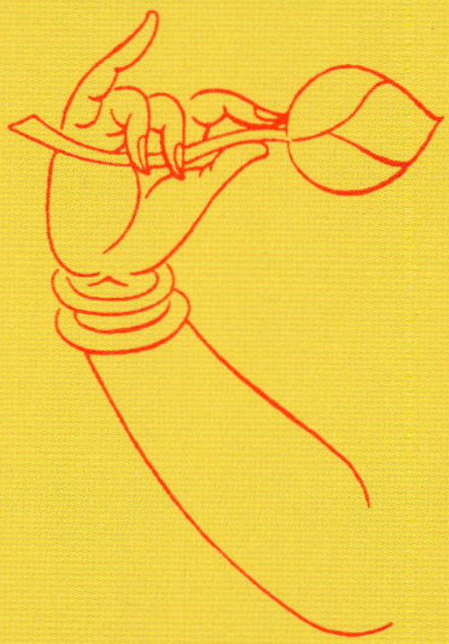

#【敦煌鉴赏】精选50窟

目次

莫高窟晚期窟

榆林窟·西千佛洞

龍宮蘭若
金佛頭雲中現
大賢之寺
大力金剛現
廣化之院
大建安之寺
五臺縣

莫高窟第 61 窟 西壁 五台山图

【莫高窟俯瞰图】

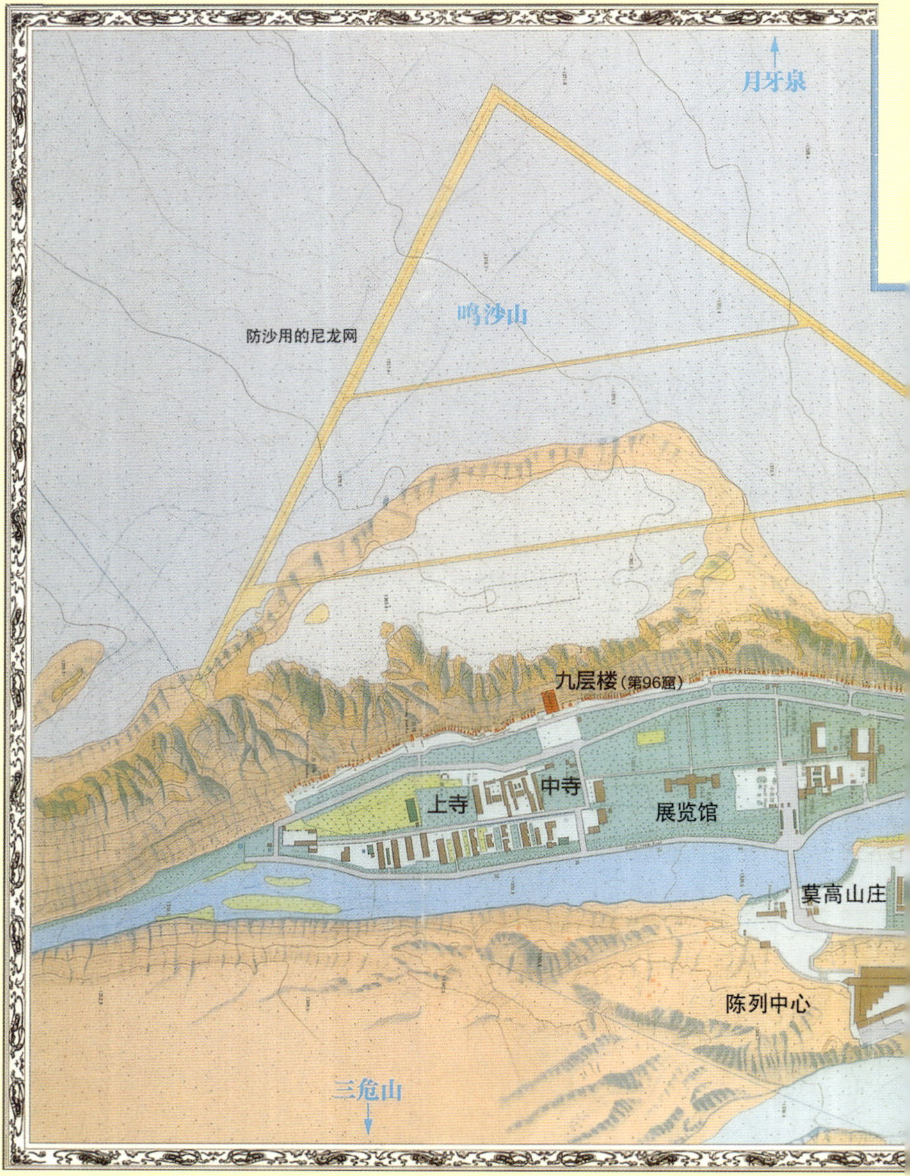

【敦煌石窟〈莫高窟·榆林窟·西千佛洞〉位置图】

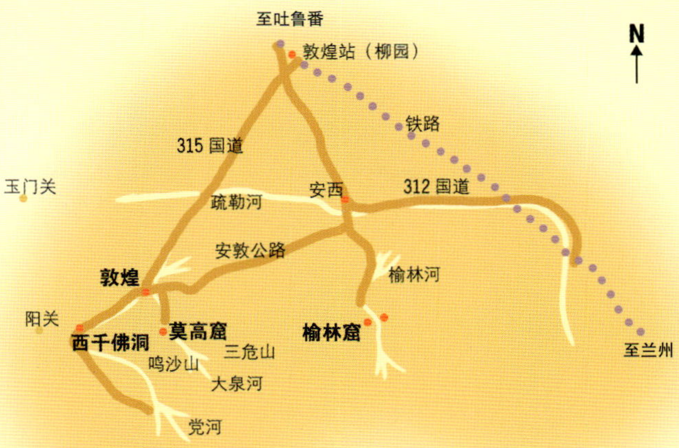

[莫高窟]

俗称千佛洞，位于敦煌市东南25公里的鸣沙山东麓，驱车约25分钟。现存最早的洞窟为5世纪前半叶的北凉时代修建，后经北魏、西魏、北周、隋、唐、五代、宋、西夏、元等10个朝代相继修建。在现存的735个洞窟中，存有塑像、壁画的492个洞窟附有编号。

[榆林窟]

又名万佛峡，距敦煌市以东约170公里，驱车约2小时。石窟开凿在榆林河东西两岸的断崖上，东崖分上下两层，开有石窟31个；西崖11个，共存洞窟42个。现存石窟的营造期为：唐、五代、宋、回鹘、西夏和元代。

[西千佛洞]

距敦煌市西南30公里，驱车约25分钟。石窟开凿在党河北岸的断崖上，东西约170米。现存洞窟22个，最早的洞窟为北魏时代，后经西魏、北周、隋、唐、五代、回鹘以及元代相继修建。

左·莫高窟九层楼——莫高窟开凿在鸣沙山东麓。第96窟，即通常所说的九层楼，是莫高窟的象征。内塑34.5米的大佛一尊，古称北大像。右·冬日的九层楼——敦煌气候严寒，冬天气温时常下降到摄氏零下30度左右。这是2000年冬天的莫高窟九层楼。

莫高窟北区——南北约1.6公里的莫高窟分南北两区。这是北区石窟的一角，原来是用作僧侣修行、居住和瘗埋的场所。

上·榆林窟附近黄金般的秋色——西北特有的胡杨林。
下·冬日的西千佛洞。

上・月牙泉——位于敦煌市以南约5公里，在鸣沙山山间，有一泓泉水形似弯月。
下・敦煌故城——位于敦煌市以西约1公里处，现存的断壁残垣和烽火台，是敦煌故城的一角。

漫话敦煌

敦煌研究院名誉院长　樊锦诗

敦煌，中国西部的一个很小的城镇，是沙漠中的一片绿洲。每当人们谈起敦煌，总会想起那“劝君更尽一杯酒，西出阳关无故人”的千古绝唱，几分牵挂中夹杂着几分凄凉。而今天的敦煌却是一个富饶而美丽的城市，迎接我们的是蓝天白云和盛大而辉煌的敦煌石窟。

敦煌石窟是敦煌地区石窟的总称，它包括敦煌市的莫高窟、西千佛洞，安西县的榆林窟、东千佛洞以及肃北县的五个庙。现存洞窟812个，其中莫高窟735个，西千佛洞22个，榆林窟42个，东千佛洞7个，五个庙石窟6个。

莫高窟位于敦煌市东南25公里的鸣沙山东麓，前临宕泉，东向三危山，全长1680米。石窟分为南北两区，鳞次栉比地开凿在15～30米高的断崖上。其中存有塑像、壁画的洞窟多集中在南区，为古代僧侣信众礼佛的场所。现存洞窟492个（其中5个洞窟位于北区），塑像2000余尊，壁画45000平方米，以及木构建筑5座。北区是僧侣修行、居住、瘗埋的场所，有洞窟遗址243个。

敦煌位于东西交通的要冲，西行求法与东来传教的僧侣多经于此，4世纪的

敦煌已是“村坞相属，多有寺塔”，在这种环境下莫高窟应运而生。据唐代碑文记载：“莫高窟者，厥初，前秦建元二年（366）有沙门乐僔，戒行空虚，执心恬静，尝杖锡林野。行至此山，忽见金光，状有千佛……造窟一龛。次有法良禅师，从东届此，又于僔师窟侧更即营建。伽蓝之起，滥觞于二僧。”此后，笃信佛教的东阳王元太荣与建平公于义先后出任瓜州（敦煌古称之一）刺史，莫高窟的开窟造像由此兴盛起来。

自乐僔开窟造像以来，莫高窟经历了北凉、北魏、西魏、北周、隋、唐、五代、宋、西夏、元10个朝代，由于自然和人为的破坏，初创期的洞窟已不可考，现存最早的洞窟是公元430年左右的北凉时期修建的。

北凉期现存3个洞窟，其中第268窟是禅窟（插图1）。禅窟是由印度毗诃罗窟发展变化而来，古代的僧人们就是在这样小小的禅室里修行的。到了北魏时代，莫高窟出现了新的窟形中心柱窟。中心柱窟（插图2）源自印度的支提窟，平面呈长方形，于中央偏后凿出连接窟顶的方柱，四面开龛造像。窟室前部作人字披形，塑出脊枋和椽子。信徒们可以在宽广的方柱前面礼拜佛像，又可以一边绕塔观像，一边欣赏画于四壁的各类故事画。这类洞窟最典型的有第254、257、248和428等窟，但是到了隋唐时期数量逐渐减少，形制也发生了变化。

覆斗顶窟（插图3）最早出现在西魏时代，其后各时代洞窟也多采用这种窟形。覆斗顶窟一般平面呈方形，正壁开龛造像，窟顶类似一个倒悬的方斗，在形式上接受了汉式传统建筑的影响。第285窟是典型的覆斗顶窟，美妙无比的

斯坦因1907年拍摄的莫高窟外景

西方极乐世界，寄托着供养者美好的憧憬，传统的伏羲、女娲、风神、雷神使人心往神驰，多臂多面的佛教神怪令人望而生畏。

大像窟（插图4），现存有莫高窟的第96窟和130窟以及榆林窟第6窟。第96窟的大佛通高34.5米，仅次于四川的乐山大佛（71米）和荣县大佛（36米）。大佛为石胎泥塑，曾经宋、西夏、元、清、民国历代重修，窟内保留的台阶式的地面遗址，说明了各朝各代是怎样珍重它和爱护它。

中心佛坛窟（插图5），也叫背屏窟。形制与覆斗顶窟大致相同，区别在于窟室内设置中心佛坛，坛的西沿有背屏直达窟顶，信徒可右绕佛坛观像礼佛。这类洞窟规模宏大，它初见于晚唐，多见于五代、宋、元时期。第98、61窟就是中心佛坛窟，归义军节度使曹氏一族，为了与东面的回鹘和西面的于阗修好，耗费巨资开凿了它，把确保敦煌安宁的希望都寄托在佛教上。

涅槃窟（插图6）窟形平面一般为横长方形，窟室中央西壁设通壁佛坛，上塑释迦涅槃像。莫高窟现存大型涅槃窟有第148和158窟。第148窟建于大历十一年（776），正值吐蕃攻打敦煌的时期，刀光剑影中塑造这样一身安然横卧的睡佛，也包含着敦煌人民希望和平之心。

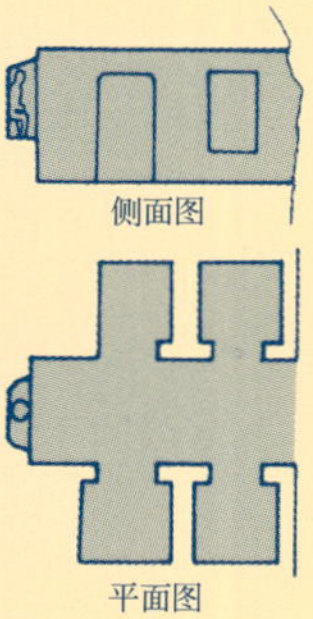

插图1 禅窟 第268窟

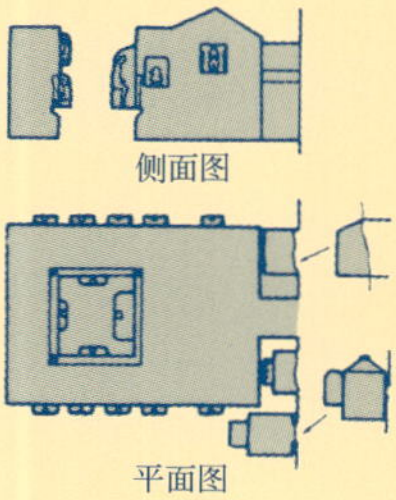

插图2 中心柱窟 第254窟

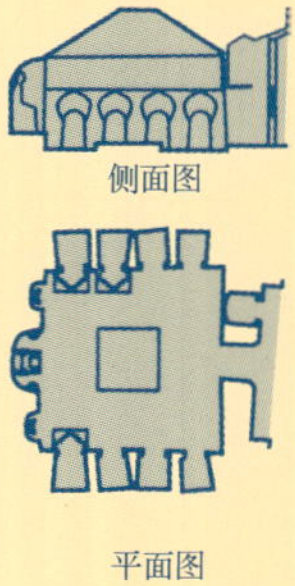

插图3 覆斗顶窟 第285窟

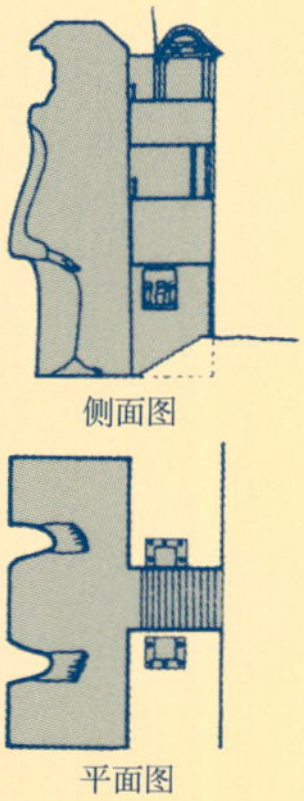

插图4 大像窟 第130窟

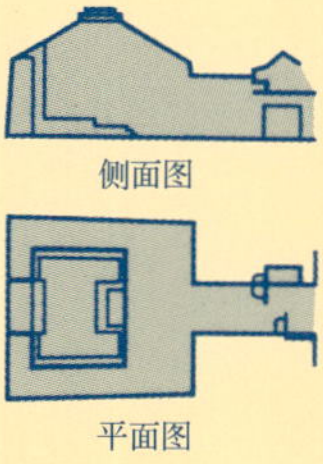

插图5 中心佛坛（背屏）窟 第61窟

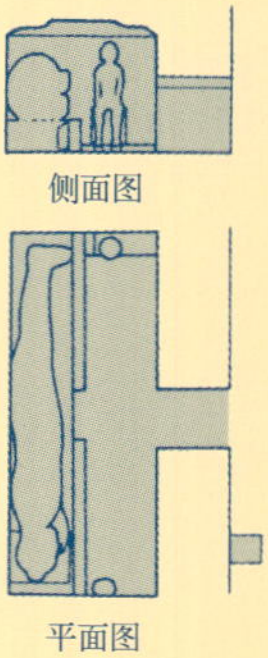

插图6 涅槃窟 第158窟

莫高窟第249、第250、第251窟附近（1907年摄影）

插图7

插图8

除此之外，还有一些其他功能的洞窟，如纪念高僧的影窟（第17、137、139等7窟），以及位于北区僧人起居的僧房窟、安葬圆寂僧人的瘗窟等等。

自乐僔开窟以来，莫高窟经历了初创、发展到逐渐走向衰落的一个漫长的历史过程。千余年间，敦煌的先民们创造了它，小心地维护着它。然而，一次偶然的发现，把敦煌的名字传遍了世界的每一个地方。

1900年5月26日，住在莫高窟下寺的道士王圆箓（插图7），于清理积沙时发现了藏经洞（第17窟）。遗憾的是，无知的王圆箓把藏经洞的写本、绢画，以非常低廉的价格卖给了各国的探险家们，致使这些写本、绢画和与之密切相关的敦煌石窟身首异处，现分藏在英、法、日、俄、美等国家的公私图书馆和博物馆。

1907年3月间，英国人斯坦因（插图8），从王道士处购得敦煌写本24箱，绢画丝织物5箱。1914年，斯坦因再次来到敦煌，又从王道士处获得写本570余卷。

1908年，法国人伯希和（插图9）接踵而

莫高窟第16窟内景。右侧为藏经洞入口，前面是藏经洞发现后不久从窟内搬出来的经卷（1907年摄影）

来，对全部洞窟进行了编号，并抄录题记、拍摄照片。从王道士处购得藏经洞文献中的精品及斯坦因剩下的绢画、丝织物以及木雕佛像等十余身。

插图9

插图10（吉川小一郎）

1910–1911年，日本人大谷探险队成员橘瑞超、吉川小一郎（插图10）来到敦煌，先后于王道士处收购写本169卷和200卷，并将精美的两身塑像纳入行囊中带走。

1914–1915年，俄国人奥登堡（插图11）率考察队来敦煌，据俄罗斯方面的整理编号，奥登堡于敦煌收集写本18000余卷，绢画百余幅。同时还剥离窃取了莫高窟第263等窟壁画十余幅，带走塑像十余尊。

1924年，美国人华尔纳（插图12）来敦煌，粘剥壁画26幅，带走莫高窟第328窟塑像、257窟彩塑各一尊。

插图11

插图12

1943年，敦煌艺术研究所的成立，结束了莫高窟无人管理任人宰割的历史。

今天，敦煌研究院以主人翁的姿态，担负起保护、研究世界文化遗产的重任。莫高窟也以崭新的面貌迎接着八方来客，我们欢迎国内外有识之士访问敦煌，和我们一起共同保护研究敦煌。

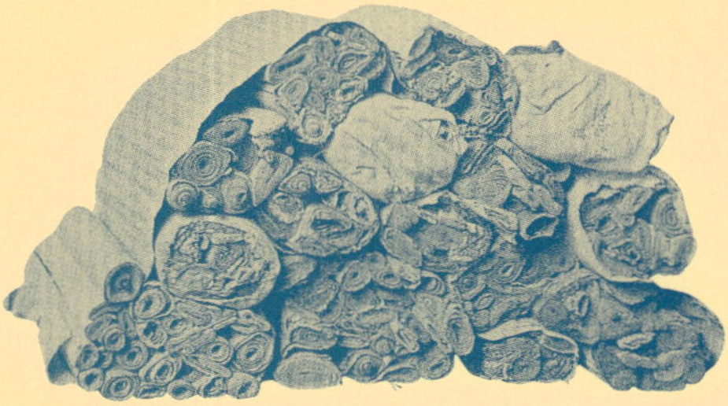

在藏经洞发现的古文书，有一些原来就捆扎成捆或用包袱皮包裹（1907年摄影）

致读者

《敦煌鉴赏》是江苏凤凰美术出版社在大型画册《敦煌石窟艺术》（全22卷，该书曾获1997年度国家图书奖）之后出版的一本小册子。该书卷首论文《漫话敦煌》由敦煌研究院名誉院长樊锦诗先生撰写，《敦煌壁画解说》、《敦煌莫高窟大事简表》以及《专业用语解释》等由原敦煌研究院考古研究所所长刘永增先生撰写。

所选的50窟以历年开放的洞窟为中心，其中包括莫高窟45个洞窟，榆林窟4个洞窟和西千佛洞的1个洞窟。

在参观的过程中，因敦煌研究院保护、研究工作的需要，有的洞窟可能暂停开放，敬请谅解。洞窟的解说按照时代顺序进行，由莫高窟早期窟（北凉、北魏、西魏、北周）、中期窟（隋、初唐、盛唐、中唐、晚唐）、晚期窟（五代、宋、西夏、元）以及榆林窟、西千佛洞四个部分组成，并在扉页上简单地叙述了各部分的特征。

书中出现的专业术语和佛教用语后标有※记号，在卷末刊有简单的解释。

在莫高窟长达1.6公里的崖面上，以九层楼（ ）、第428窟（ ）和藏经洞（ ）为标志点，标出解说洞窟的大致位置和层位，洞窟以★符号表示。

除亚洲佛教遗迹图外，本书中的照片、地图、插图等资料均由敦煌研究院提供。

本书资料以2002年年底为限。

莫高窟

早期窟

420–581

北凉·北魏·西魏·北周

北凉、北魏时代的交脚、倚坐、结跏趺坐佛，
胁侍菩萨以及禅定佛，质朴而粗放，具有浓厚的西域特征。
本生、佛传和因缘故事画以及千佛列像，多用“凹凸法”描绘。
西魏时代，一种新的人物表现形式传到了敦煌，
史称“褒衣博带”和“秀骨清像”。
北周时代，横卷式的本生故事画和佛传图得到了长足的发展，
并且还出现了单幅的卢舍那佛和涅槃变。

第 254 窟中心柱与南壁

第 285 窟菩萨（西壁佛龛内南侧、北侧）

左 交脚佛坐像（西龛内）
右 菩萨（西龛内）

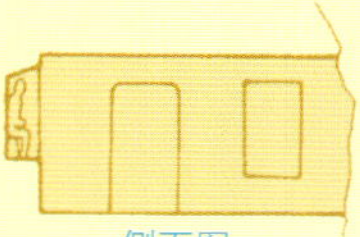

侧面图

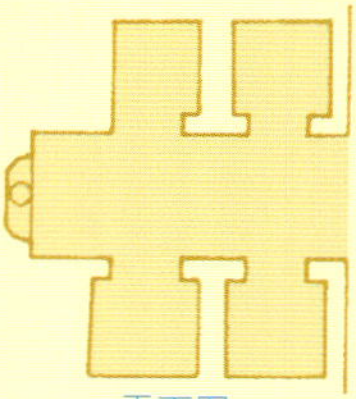

平面图

交领长裙的供养人与僧侣修行的禅窟

第268窟位于莫高窟南区中段三层，北与第272、275窟毗邻。平面呈长方形，平顶浮塑叠涩平棋，内画莲花、火焰纹，四角画飞天。西壁开圆拱龛※，两侧画供养菩萨和飞天。龛外缘画火焰纹、龛楣※和爱奥尼亚式柱头※。龛内塑交脚佛像，高0.76米，偏袒右臂，着红色袈裟，右臂和左手已残。龛外下方画供养人※，其中女供养人身着汉式交领长裙※，衣着、姿态与炳灵寺※西秦建弘元年（420）开凿的第169窟供养人，以及敦煌附近出土的北凉石塔供养人颇为相似。南北两壁各开两个方形小禅室，内画隋代补画的千佛。这种附有禅室的洞窟也称毗诃罗窟，是僧俗信众禅修的场所，在形式上接受了印度和西域佛教的影响。根据窟形特征及壁画内容，可推定为十六国的北凉时代，即公元430年前后所建。

本窟看点

禅窟（南北壁）
供养人像（西龛下方）

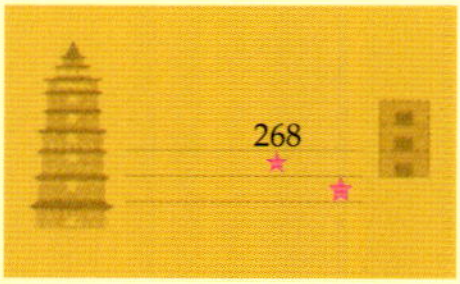

上 出游四门（南壁）
下 月光王本生图部分（北壁）

交脚弥勒菩萨与佛传、本生故事

第275窟，窟形呈纵长方形，窟顶为盝形天井，天井两披浮塑椽枋。西壁不开龛，正中塑3.34米交脚菩萨像一身。两侧各塑一狮，示菩萨坐狮子座上。菩萨头戴化佛冠※，上身半裸，下身束裙※，身着臂钏※胸饰。面相方圆温和，胸腹部无起伏，两腿无粗细变化，整体上讲给人以古朴温润之感。下裙紧缚双腿，以贴泥条的方法塑出的衣纹线上，可见清晰的刻线，这种于突起的衣纹线上施阴刻线的手法见于公元四五世纪的犍陀罗雕刻。一般认为，我国北朝期石窟中，这类呈交脚坐式，戴三面宝冠，手持净瓶（或不持净瓶）的菩萨为西域传来的造像样式。同样，菩萨背后的浮塑锦制三角背靠，亦见于新疆维吾尔自治区的克孜尔石窟和阿富汗的巴米扬石窟中，说明了早期石窟的开凿一开始就受到了西域佛教的影响。主尊两侧不塑胁侍，以壁画的形式表现胁侍菩萨或供养菩萨，这种现象亦见于同是北凉期的第268和272窟。

关于这身交脚菩萨像，多数学者将之比定为弥勒菩萨，也有的学者因宝冠中的化佛而视之为观世音菩萨。据北凉沮渠京声译《观弥勒菩萨上生兜率天※经》，弥勒菩萨

"身如阎浮檀金色长十六由旬，三十二相八十种好皆悉具足。顶上肉髻※发绀琉璃色，释迦毗楞伽摩尼，百千万亿甄步迦定以严天冠。其天宝冠有百万亿色，一一色中有无量百千化佛，诸化菩萨以为侍者"。由此可证弥勒菩萨于兜率天作菩萨时宝冠中有无量化佛。又，交脚坐式早见于犍陀罗的休特拉克造像中，但不见于马图拉。敦煌、酒泉周边曾出土过十余尊北凉至北魏的石塔，其中承玄元年（公元428年）高善穆造塔，塔身一周刻如来形造像七身和交脚菩萨一身，且宝冠中刻有化佛。在山西大同云岗石窟，开凿于太和十三年（公元489年）的第17窟交脚菩萨像即题刻为"弥勒"。在河南洛阳龙门石窟的古阳洞中，25例弥勒造像无一例外的都呈交脚坐式。

交脚菩萨头部（西壁）

南北两壁分三段绘制，上段自西向东的两个阙形龛※内，塑与主尊造型相仿的交脚菩萨各一身，双树形的券形龛内塑思惟菩萨。中段南壁画佛传故事悉达多太子出游四门。故事说，释迦牟尼为悉达多太子时，曾先后出东、南、西门，路见老、病、死诸苦，后出北门遇见僧人，遂起畏敬之心决意出家。画面表现的是，在乐队的前导下太子骑马出行，前方有一僧人伫立，即悉达多太子出北门路遇出家僧人时的情景。北壁自西向东画毘楞竭梨王本生、尸毗王本身、月光王本生等本生故事画。月光王本生说的是，印度有国，王名月光，乐善好施，名德远著，周边诸王莫不称誉。时有婆罗门※欲加害月光，遂募劳度叉※来乞王头。王自允之。劳度叉举刀欲砍王头，反被树神惩治。令其手脚缭戾，失刀在地。尔时大王语树神曰："我于此树下，曾以九百九十九头用于布施。今施此头，便满千数。"遂任劳度叉砍头而去。画面的左侧画月光王，中部画一人胡跪持盘盛三头，代表月光王曾于过去世施头九百九十九次。右侧画劳度叉以王发系树，欲砍王头和树神惩治劳度叉。画面中月光王形体高大，威然而坐。反之，劳度叉躬身屈膝，面目狰狞。构图上以多个场面表现了月光王凛然施头的情节。到了北魏时代，这种多场面横向发展的构图则发展成了横卷式的连环故事画。

下段壁画绘三角垂帐纹图案。南北两壁上段贴塑的阙形龛以及南壁的汉式阙形城门，都是中原汉文化影响敦煌的直接反映。在绘画技法上，采用了晕染法※，亦称凹凸法※。是以白色点染人物眼鼻和躯体的凸出部分，以土红色晕染人物脸部和躯体部分，并以黑色的铁线勾勒外轮廓线。现壁画

本窟看点

交脚弥勒菩萨（西壁）
本生图（北壁） 佛传图（南壁）

交脚菩萨坐像（西壁）

中的土红色已变成黑褐色，面部高光的白色更清晰地显现了出来，呈现出粗犷怪异的面容，这是壁画变色的结果。现月光王本生东侧还保留着一条拆除宋代隔墙后的壁画，使我们得以看到一千年前保存的北凉时代的壁画原貌。

鹿王本生与沙弥守戒自杀缘

第257窟也是一个中心柱窟，洞窟前部为人字披※顶，后部平棋顶，中央设中心柱。方柱东向面开一券形大龛，内塑佛倚坐※说法像。佛像身穿右袒袈裟，右臂上举，左前臂平出，虽两手已失，可知原来应该作施无畏印※和与愿印，是莫高窟北朝期中心柱窟中常见的一种造像样式。中心柱南、西、北三面开上下两层龛，南向面上层阙形龛※檐下塑出帷幔※，内塑半跏坐思惟菩萨。菩萨身着天衣※，上身微倾，右腿屈盘于左膝上，一手支颐状若思惟，表现弥勒菩萨高居兜率天※宫作菩萨时的情景。北向面上层阙形龛内塑交脚菩萨，其余各龛分别塑禅定※像和苦修像。龛外南侧塑像已失，北侧的力士，铠甲严身，手持金刚杵※（已失）巍然而立，是释迦行化时护卫左右的密迹金刚※。该窟东壁已经坍塌，南、西、北壁分四段绘制，上段画天宫伎乐，中段中央画佛说法图，四周画千佛。下画沙弥守戒

窟室内景

本窟看点

鹿王本生图部分（西壁）
沙弥守戒自杀缘品（南壁）
须摩提女请佛缘品
（西壁至北壁）

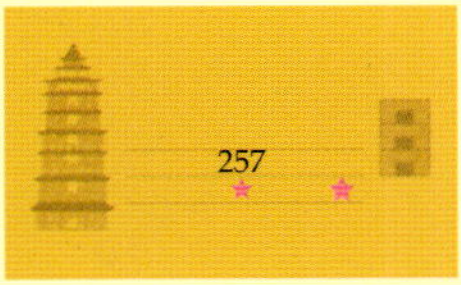

自杀缘品、鹿王本生故事和须摩提女请佛缘品，最下层一周画药叉像。

鹿王本生故事见于《九色鹿经》，故事说印度恒河岸边有一鹿王，身毛九色，角白如雪。一日，鹿王见一男子随流而下，遂不顾性命，跳入河中，救彼男子。溺人得救后千恩万谢，说愿为鹿王作奴供养，并答应永不宣泄王之处所。时国王夫人，夜梦九色鹿，欲得皮角，以为己用。国王即募国中，得九色鹿者，当与其分国而治。溺人闻王募重，心生恶念，将鹿王处所告之于王。于是溺人面上即生癞疮。在溺人的引导下，王率大军，至恒水边，扑杀鹿王。鹿王向国王陈述搭救溺人之经过，国王深为感动，斥责溺人恩将仇报，并下令国中人民今后不得逐扰此鹿。

从印度到敦煌，九色鹿本生都是一个家喻户晓的故事，画面采用连环画的形式从两端向中间发展，并将故事的高潮，即国王与鹿王对话的场面放置在画面的中央。

上 鹿王本生图部分
（西壁南侧）
下 思惟菩萨坐像
（中心柱南向龛）

萨埵饲虎与尸毗王割肉贸鸽

左页上 萨埵太子本生(南壁)
左页下 尸毗王本生（北壁）
上 萨埵太子本生部分
（南壁）

侧面图

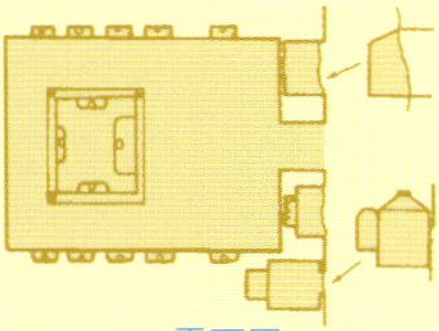

平面图

第254窟是北魏时代最具代表性的洞窟之一。洞窟平面呈长方形，中央靠后凿中心方柱，四周开龛造像。中心柱一周的平天井上画平棋图案，前部的人字披※顶，以浮雕的手法塑出椽枋，并施以天人和莲花。东壁门上留有采光用的明窗。南北壁各分四段绘制，即靠近天井的上段画天宫伎乐，中段上层开四个券形龛，内塑佛禅定※像和结跏趺坐※像。龛下画萨埵太子（南壁）和尸毗王本生故事（北壁）以及千佛，下段一周画力士。西壁中央画白衣佛，四周画千佛。人字披下方的阙形龛※内塑交脚菩萨，下画降魔变和难陀出家缘。

第254窟的萨埵太子舍身饲虎本生根据《金光明最胜王经》〈舍身品〉绘制，一日，三太子萨埵与长兄二人共同出游，见一母虎携7子虎，因饥渴所逼欲食子虎。太子见已，决意以己身救诸母子，遂使二兄先行，以干竹刺颈投崖饲虎。

首先，画面中央画三王子出游，其下画饥渴待毙的母虎和7只小虎，示萨埵太子与二兄路遇诸虎。右侧画萨埵使兄先行，以竹刺颈和投崖饲虎。下方是饿虎母子啖食萨埵的场面。左下角画返回寻找萨埵的二兄，见尸骨狼藉大为惊怖，双亲抱尸痛苦的场面。左上角表现的是，二兄收拾遗骨起塔供养和飞天散花。故事按①三太子出游，②刺颈，③投崖，④饲虎，⑤双亲痛哭的时间顺序发展。但画面表现的却是错综复杂，以“异时同图”的手法绘制。萨埵太子出游时悠然自得的场景和太子毅然刺颈投身饲虎的场面形成了鲜明的对照。萨埵太子舍身饲虎的故事见于许多经典，敦煌壁画多据《金光明经》所画，而克孜尔千佛洞的萨埵太子本生则多依《贤愚经》所绘。

与萨埵本生相对的是北壁画尸毗王本生故事。《贤愚经》卷1中说，阎浮提※有国，王名尸毗，行菩萨道，志固精进。一日帝释天为考验尸毗王，变化饿鹰追逐一鸽现于王前，而语之曰：“今此鸽者，是我之食，宜速还我。”尸毗王为救鸽命，即取利刀，自割股肉，乃至身肉殆尽犹不及鸽。最后举身自起，欲上秤盘。

尸毗王本生故事亦见于莫高窟北凉时代的第275窟北壁，画面中央的尸毗王以及割肉的侍者等场面与第275窟都十分相似。

本窟看点

萨埵太子本生（南壁）
尸毗王本生（北壁）
交脚菩萨
（北壁人字披下阙形龛内）

【学者评说】

敦煌艺术的成就

……中央美术学院教授 金维诺

敦煌石窟保存了一千多年的雕塑与壁画，是了解中国佛教艺术的形象的大百科全书。从石窟以及壁画上所提供的建筑形象，可以了解到佛教寺院和其他建筑在历史上的具体演变；从雕塑、壁画可以了解到佛教艺术在内容、风格与表现技巧上的发展。并且同时保存有大量佛教以及政治、经济等方面的文献资料，为探索古代的文化艺术提供了重要的研究材料。

佛像是寺院的主要礼拜对象，艺术家既要表现佛的庄严崇高，又要表现佛的仁爱慈祥，这就要求艺术家既要善于理解，又要善于表现。敦煌第259窟北壁坐佛庄重而宁静，同时呈现了感人的母性的仁慈，代表了这时佛教造像的典范。弟子与菩萨像的塑造较为自由，迦叶※和阿难※被塑造成不同年龄、不同涵养的高僧，表现了现实人物不同的性格、修养与情态。第419窟隋代迦叶像和善而开朗，第220窟初唐迦叶严肃而纯朴。第45窟盛唐迦叶像则又是另一种宁静与通达，这是不同时代艺术家对于同一人物具有不同理解的体现。这种对人物内在性格修养的探索，使艺术家在有限的题材上，也不断地有所创造。菩萨像在不断的塑造过程中，愈来愈明显地具有女性特征，以致佛教徒也感叹"自唐来笔工皆端严柔弱似妓女之貌，故今夸宫娃如菩萨也"（《释氏要览》卷中）。而唐段成式在《寺塔记》中记述道政坊宝应寺画壁时也说："今寺中释梵天女，悉齐公妓小小等真也。"从敦煌第194窟彩塑菩萨也深切地感到确是现实人物的真写。

敦煌壁画的题材内容极其广泛，在文献上提到的佛教题材，几乎都能在这里寻求到，成为考察经变发展的重要依据。佛教艺术是美术发展史上的一个重要方面，与世俗艺术有着密切的联系，大量的文人画家也从事宗教画的创作。民间匠师与画家之间，相互影响、相互吸收，形成了相近的时代风格与水平。文献记载上的许多著名画家的作品，可以通过敦煌壁画得到印证。因此，从宗教艺术也可以在一定程度上了解同时期美术发展的一般面貌。

我国是一个多民族国家，美术的发展包括着历史上各个民族的贡献。敦煌自古是多民族聚居地，又是东西交通的枢纽，它的文化遗存呈现了异常丰富的多民族特色。并且先后治理过敦煌的不同民族，常在政治与宗教相结合的条件下，发展了一些不同的艺术样式。这就为探索某些少数民族的古代遗产，提供了具体材料。吐蕃是有古代文化传统的民族，在敦煌也保存了一些吐蕃时期的壁画与绢画，也出现了一些别具特色的密宗图像，赞普的形象也在壁画中出现。同时，这里也曾发现藏文经典与文书。西夏的美术品也极为丰富。敦煌地处交通枢纽，它的遗存对于了解中原与西域文化的交流有重要价值。由于敦煌有较多具有明确纪年的作品，各时期艺术有明鲜特征，成为考察其他地区作品的一个尺度。敦煌艺术具有一定的地方特色，但它更多地体现了中国佛教艺术发展的一致性，从它既可以了解中国美术发展的某些重要轨迹，同时对于了解亚洲各国艺术的交流，也具有重要价值。

莫高窟第428窟萨埵太子本生图部分

上 释迦、多宝佛并坐说法像（西龛内）
下 禅定佛（北壁东侧）

面带微笑潜心修行的释迦

第259窟平面呈方形，西壁中央凿出中心柱的前半部，券形大龛内塑释迦多宝并坐说法像，龛外两侧和塔柱侧壁各塑胁侍菩萨立像一身。龛的上部画忍冬纹※，两侧贴影塑※（已不存）。《法华经》见宝塔品中说，释迦在说法时从地涌出七宝塔，以右指开七宝塔户，中见多宝如来如入禅定※。尔时多宝佛，为闻释迦说《法华经》，分半座与释迦牟尼说法。二尊像分别着身光※、头光※及宝盖，半袒右肩并坐于方座上。面部、胸腹部有较大的补修，红色的袈裟上，贴有泥条式的衣纹。恭身而立的胁侍菩萨，以圆雕的手法塑出头部，宝冠及面部的刻画细腻准确。

南北壁开上下两层龛。北壁上层为阙形龛※，内塑交脚菩萨和思惟菩萨，下层为券形龛，存结跏趺坐※、倚坐※和禅定像各一身。东壁已经塌毁，天井前部为人字披※顶，后部平棋顶。塑像的手臂大多有残损，惟北壁西起第三龛的禅定※像保存较为完好。该像着巨大的肉髻※，眉舒额展，左眼稍有残损，嘴角略带微笑。胸、臂部的塑造饱满，屈盘的双腿紧收于方座上。人物比例适度，呈现出北魏太和期（477–499）的一些造像特征。又，龛外左侧墨书的“二四二”，是1943年前后张大千※考察敦煌石窟时留下的洞窟编号。

本窟看点

释迦、多宝佛（西龛内）
禅定佛（北壁东侧）

莫高窟　第248窟　北魏 439-534

柔美的菩萨与婀娜多姿的伎乐天

第248窟是一个小型中心柱窟，中心柱四面开单龛，正面塑佛结跏趺坐※像，其余三面分别塑禅定※、苦修、说法像。结跏趺坐像坐莲台上，两眼微微下视，隆眉高鼻，嘴唇作一字形。右手扬掌举至肩际，左手平出，作施无畏印※和与愿印。龛的上方诸天伎乐翔于虚空，龛外两侧胁侍菩萨分立左右。胁侍菩萨均裸上身，戴仰月冠※，斜披天衣※。一手于胸前作印，一手垂于膝旁。这种仰月冠，亦见于西域的巴米扬和克孜尔石窟，是佛教东渐过程中受波斯艺术影响的产物。

莫高窟北魏期的中心柱窟，大都于其中的一面塑苦修像。中心柱的建筑形式源自支提。佛经言，有舍利名塔，无舍利名支提。谓佛生处，得道处，转法轮处，入灭处。因此，中心柱的苦修像当与释迦的八相成道相关。西向龛内塑释迦苦修像，虽然胸腹部和袈裟外缘略有修改，但仍不失北魏初创时的风貌。该像头戴肉髻※，面容清癯，眼睛微开作沉思状。锁骨胸骨凸出，两臂双腿清瘦，覆袈裟坐于方座上。龛外两侧以双树庄严，表现了释迦出家后于菩提树下苦修成道时的情景。

四壁自上而下画天宫伎乐、千佛、药叉，惟南北壁千佛中央画说法图。在北魏期的洞窟中，天宫伎乐多画在四壁上层，在佛说法时，于虚空中或雨种种妙花，或奏袅袅天乐，或持宝幢※幡※盖，或颂歌呗舞蹈。以此来赞叹如来相好※之光明，大千世界之殊胜。

上左　佛坐像与菩萨（中心柱正面）
上右　佛苦修像（中心柱西向龛）
中　天宫伎乐（北壁西侧）
下　菩萨（北壁东侧）

本窟看点

主尊与胁侍菩萨（中心柱正面）
天宫伎乐（四壁上方一周）

莫高窟 第249窟 西魏 535-556

升仙图（天井南面）

满壁风动的神仙图

第249窟平面呈方形，覆斗形天井。覆斗形天井窟是莫高窟西魏时代出现的一种新的造窟形式，洞窟西壁开券形大龛，内塑倚坐※佛一身，龛外塑菩萨立像。东壁已经坍塌，南北壁上层画天宫伎乐，中部画佛说法图和千佛图像，下画药叉图像。窟顶中心画莲花藻井※，四披画升仙图和中国传统的神话图像。

西披中央画阿修罗，4目4臂，手托日月立大海中。阿修罗两侧画风、雨、雷、电四神，上为须弥山与天门，下画飞仙鸟兽及屋宇。东披画飞天对舞和力士擎珠，玄武、朱雀及开明神兽等。南北披画龙车、凤车升仙图，其中北披的龙车升仙图略有残损。关于龙车、凤车升仙图，另有借用中国传统神话题材表现的帝释天、帝释天妃说，和基于中国神话传说的东王公、西王母说。南披的凤车升仙图，身着交领长衫※的升仙者※跪坐云车中，云车前后，有持幡※擎节的方士，腾飞的鲸鲵神兽，是引导和护卫升仙者※的诸神，与汉代画像石中表现的乘云车升仙图如出一辙。北披的升仙图下方还画有狩猎图，奔走的野牛，觅食的野猪，追逐黄羊的猎师等等，充满了浓郁的生活气息。流畅的线条和富有动感的人物造型，表现出画家卓越的观察力和非凡的绘画技巧。

本窟看点

中国神话图像（天井四面）

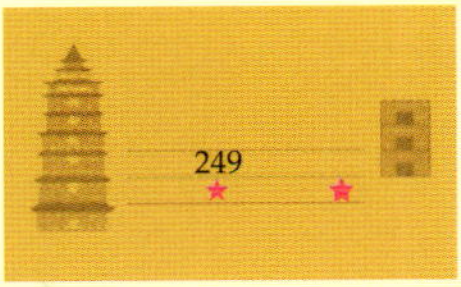

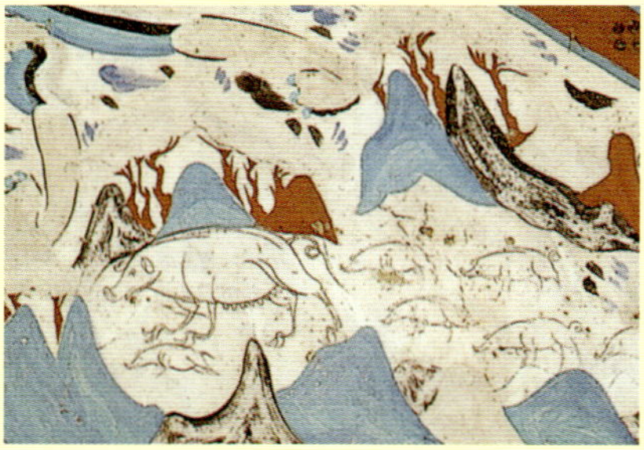

上 阿修罗（西顶）
中左 野猪（北顶）
中右 狩猎图（北顶）
下左 野牛（北顶）
下右 药叉（北壁下部）

南北壁中央画如来说法图立像，左右画胁侍菩萨和飞天四身。其中两身着“褒衣博带※”式的大衣※，两身半裸上身，代表了来自中原和传自西域的两种风格，也说明了西魏期的敦煌佛教更进一步地实现了中国化和本土化。说法图四周画千佛列像，千佛以红、黑、绿、青等色相间排列，秩序中带有变化，给人以“光光相接”之感。

自上而下
雨师（西顶）
风神（西顶）
雷神（西顶）
霹电（西顶）

［第 249 窟天井解说］

［西顶］

❶ 阿修罗——印度古典（吠陀与罗摩衍那等）中经常出现的鬼神，为乔答摩·悉达多的对立面，后被教化成为佛教的守护神。在佛教，亦为守护佛法的“天龙八部”之一。

❷ 须弥山——按照古代印度的宇宙观，须弥山是耸立在世界中心的高山，香木繁茂，中腹部有四天王，顶上有三十三天宫殿。

❸ 雷神——中国神话中常见到神，亦为佛教的守护神。虎头、人身、鸟爪、背生双翼，鸣奏连鼓。

❹ 霹电——中国神话常见到神，形似雷神，持铁钻或金刚杵。

❺ 羽人——飞升天界的中国传统神灵，耳出于项，背生羽。上下翻飞的天衣借用自佛教的飞天。

❻ 风神——其形象来自西域，身若雷神而不持连鼓，背负风囊飞行天界，与之相对，我国传统的风神为飞廉。

❼ 雨师——司雨之神，如雷神亦为兽头人身。

❽ 乌获——飞行天界的神，头生两角背生双翼，为中国的大力神。

［东顶］

❶ 摩尼宝珠——摩尼为珠宝的总称。据说有免除灾难、澄清浊水、变化水色之德。

❷❸ 力士——两肩生羽，飞行天界手持摩尼宝珠。

❹ 朱雀——中国神话中的四神兽（主司东西南北四方之神）之一，形如凤凰，守护南方之神。

❺❻❼ 乌获——飞行天界的神，头生两角背生双翼，为中国的大力神。

❽ 玄武——中国神话中的四神兽（主司东西南北四方之神）之一，龟蛇相交之形，守护北方之神。

❾ 百戏——如现在杂技之类的技艺，人物以手倒立，深目高鼻，如西域胡人。

❿ 开明——中国传统的神兽，有13、11或9头，人首虎身。一说是中国神话中的天皇、地皇和人皇。

[北顶]

❶升仙图——四龙云车中坐升仙者，其前后有引导和扈从的持节方士以及乌获、鲸鲵等，正向着忉利天飞升。

❷❸持节方士——旌节，本来是皇帝赐予大臣的信物，以此来行使皇帝赋予的权力，在这里，方士乘龙在迎接升仙者。

❹乌获——飞行天界的神，头生两角背生双翼，为中国的大力神。

❺天马——身生双翼可飞行虚空。据传敦煌是天马的故乡，出自今南湖的渥洼池。

❻羽人——飞升天界的中国传统神灵，耳出于项，背生羽。上下翻飞的天衣借用自佛教的飞天。

❼鲸鲵——亦见于中国古代神话，为身生双翼飞行虚空之鱼。

❽开明——中国传统的神兽，有13、11或9头，人首虎身。一说是中国神话中的天皇、地皇和人皇。

❾狩猎图——猎师乘马飞奔回身射猎。这种造型在波斯颇为流行。

［南顶］

❶ 升仙图——四凤云车中坐升仙者，其前后有引导和扈从的持节方士以及乌获、白虎等，正向着忉利天飞升。

❷❸ 持节方士——旌节，本来是皇帝赐予大臣的信物，以此来行使皇帝赋予的权力，在这里，方士乘凤在迎接升仙者。

❹ 开明——中国传统的神兽，有13、11或9头，人首虎身。一说是中国神话中的天皇、地皇和人皇。

❺ 鲸鲵——亦见于中国古代神话，为身生双翼飞行虚空之鱼。

❻ 白虎——与东顶所画的朱雀、玄武一样，是中国神话中的四神兽之一，为守护西方之神。

❼ 乌获——飞行天界的鬼神，头生两角背生双翼，为中国的大力神。

❽ 羽人——飞升天界的中国传统神灵，耳出于项，背生羽。上下翻飞的天衣借用自佛教的飞天。

莫高窟　第285窟　西魏 535-556

南壁全景

“褒衣博带”与“秀骨清像”

第285窟位于莫高窟南区中段二层，为方形覆斗天井窟。南北壁下层各开有四个禅室，窟内中央有一方坛。北壁保存有西魏大统年间（538–539）造窟题记三方，为莫高窟早期惟一有确凿纪年的洞窟。西壁正中开一券型大龛，内塑佛倚坐※像一躯，面部、手臂及两胁侍有残损。大龛南北两侧各开一小龛，内塑覆头禅僧像各一躯，其中北侧一身头部已残。大龛两侧南北上方画日天、月天及诸天众，其中南侧日天保存较好，前方画三凤引车，上有持盾力士驱车前行。

面向大龛的北侧画摩醯首罗天※，三面六臂骑青牛，上二手托举日月，中二手右手持物不明左手持矢，下二手中的左手持弓。下画四臂鸠摩罗※天，手持莲蕾、枪戟等法器，毗那夜迦象鼻人身，手持葡萄和三钴杵※，最下画天王二身。南侧上方画毗瑟纽天，三面八臂手托日月，持莲蕾及法轮。下画毗瑟纽天眷属及二天王。

北壁上方画说法图七铺，即过去四佛和无量寿佛说法图。说法图主尊分别坐莲台或方座上，着通肩※或偏袒式袈裟，两侧画胁侍菩萨及飞天。说法图下方画供养人，其中西起第2、3、7幅的榜题处分别记有造窟发愿文。供养

本窟看点

- 印度教诸天（西壁）
- 中国神话图像（天井4面）
- 说法图及造窟题记（北壁）
- 五百强盗归佛图（南壁）
- 山岳图（天井下方一周）

上 藻井
右 诸天（西壁大龛北侧）
下 诸天（西壁大龛南侧）

上 西壁全景
下 伏羲与女娲（东顶）
次页
上左 供养人与发愿文（北壁）
上右 羽人（南顶）
中左 朱雀（南顶）
中右 千秋（北顶）
下左 饕餮纹（天井）
下右 乌获（东顶）

人※题名中有来自西域的胡人滑氏，也有敦煌的豪族阴氏、史氏，说明了该窟是西域胡族与敦煌民众共同捐资开凿的。南壁上段画伎乐天十二身，各持横笛、琵琶、阮咸※、箜篌等乐器凌空飞舞。中段画五百强盗成佛缘故事画，自东向西为①五百强盗与官军作战；②强盗被俘受剜眼酷刑；③放逐山林；④遇佛搭救双眼复明；⑤出家入道；⑥隐居山林最终成佛。故事以自然景致为画面的区划，激烈的战争和残忍的酷刑，与双眼复明后出家隐居山林参禅入定的场面形成了鲜明的对照，是西魏期故事画的经典之作。最西侧画释迦多宝并坐说法像，龛楣※中间还画沙弥守戒自杀缘品与施身闻偈等故事画。禅室之间与下段一周画药叉像。

窟顶中央为巨大莲花图案，四角以饕餮※纹相间。东披上方画伏羲、女娲，皆人首蛇胸饰日月轮，持规矩墨斗当空飞舞。下画二力士擎摩尼宝珠※及开明、飞廉、飞天等。与之相对的西披，上段画二飞天和二雷神，雷神手持连鼓，奋臂旋转作击打状。下段中央画巨大的莲花，两侧有飞廉、飞天及乘鸾仙人。飞廉头似鹿，背有翼，为我国

神话传说中的风神。南披上段画摩尼宝珠※和二飞天，下画持节仙人、开明、朱雀等神兽。北披上段画飞天和莲花，中、下段画祥鸟瑞兽与霹电、飞天等。窟顶下缘一周画山林禅修图。

左 佛倚坐像与菩萨(中心柱正面)
上 飞天(中心柱前部平天井)
下 佛传图(人字披西披)

一气呵成的佛传故事画

第290窟为中心柱窟，中心柱四面各开一龛，东向龛内塑佛倚坐※像及二比丘，龛外两侧塑胁侍菩萨立像各一身。佛像着通肩※袈裟，头大身短面形方圆。菩萨头戴花鬘，佩项饰、腕钏※，上披天衣※下着长裙※。龛下方画供养人※与药叉列像。南、北向龛与东向龛大致相同，塑一佛二比丘二菩萨五尊像，西向龛与北魏以来的中心柱窟不同，塑交脚菩萨及胁侍菩萨各二身。窟顶正面画释迦鹿野苑说法图与飞天八身，其余三面画平棋图案。四壁上段的飞天列像下方，以大幅壁面画千佛，最下画供养人与药叉列像。其中南壁下段的供养人，为首者身穿汉式圆领大衣※，形体高大，俨然一王公贵族的形象。

窟室前部人字披※上不画椽枋，而在东西披上画佛传图。佛传图从摩耶夫人※梦感受胎开始，描绘了释迦树下诞生、步步生莲、九龙灌顶、出游四门、夜半逾城※、辞别爱马、树下成道等八十多个场面。画面中的人物形象及衣冠服饰已完全汉化，其中的丧车、路祭※以及射靶、观耕等场面，是研究我国古代社会生活的生动史料。

本窟看点
佛传图(人字披两披)
佛倚坐像(中心柱正面)

【敦煌石窟小知识】

鹿野苑 初转法轮

鹿野苑，又名鹿苑、施鹿苑、鹿林等，位于古代中天竺的波罗奈国，今印度贝那勒斯之北撒尔纳特(Sarnath)，因昔有国王梵达多，以此林施与群鹿，故名施鹿林。

释迦在出家之初，曾与憍陈如等五比丘赴贝那勒斯的鹿野苑共同修道。起初，释迦也和其他修行者一样，强抑自身肉体上的痛苦和种种欲望，以求达到人生最高的觉悟境界。六年的修行使释迦身心疲惫，于是发现了既可追求快乐又不需苦行的中道。中道否定和摈弃快乐和苦行这两个极端，是一种不消极地回避，而是积极地实践的修行方法，只有这样才能实现觉悟达到涅槃的境界。对此憍陈如等初怀不解，对放弃了苦行而享饮食之乐的释迦并不起敬仰之心，后见释迦已成佛道便深生惭愧。而后释迦为其三转法轮，即示转：说有关人间诸苦的四谛之法（即苦、集、灭、道）；劝转：苦当知，集当断，灭当证，道当修，即劝谛之修行；证转：苦者我已知，集者我已断，灭者我已证，道者我已修，并说己身亦以此法修得正果。也就是说，当离弃极端的修行之法而取中道，实践正见、正思惟、正语、正业、正命、正精进、正念、正定八正圣道。因释迦在鹿野苑度憍陈如等五比丘初说佛法，故又名初转法轮处，是释迦一生中最重要的事迹之一。

初转法轮的造像，在今天的印度也有流传。一般的造像是，释迦于画面中央的菩提树下结跏趺坐※，佛座下方(或一侧）有象征鹿苑的双鹿和表示初说佛法的法轮，两旁有憍陈如等五比丘及其他圣众。在莫高窟，初转法轮见于第263、260和290窟三窟。第263窟的初转法轮画在北壁前部，菩提树掩映下的释迦结跏趺坐在须弥座※上，佛座下的对鹿，象征释迦的说法处鹿野苑，中央的三法轮表示释迦为五比丘示转、劝转、证转三转法轮。两旁画二菩萨和五比丘。第290窟画于中心柱东向面的平顶上，下方和两侧画对鹿和四比丘，两侧各画四飞天。这幅释迦初转法轮图，应该是填补壁画空白的小品。

上 印度·犍陀罗出土鹿野苑说法（白描）
下 鹿野苑说法（第260窟北壁东侧）

降魔变

连环画式的本生故事、萨埵与须大拏

第428窟位于莫高窟入口上方三层，为莫高窟最大的中心柱窟。中心柱四面各开一券形龛，龛内塑佛结跏趺坐※像并二比丘，龛外塑二菩萨，均由后代重新妆彩。中心柱一周的天井画平棋图案，并饰有对虎、飞天和忍冬纹※等。前部人字披※天井以土红色画出椽枋，椽间画忍冬与莲花图案，图案间点缀有飞天、驰鹿、祥鸟、猿猴等，给人以春意盎然之感。

南北壁上段贴影塑※千佛六排。中段南壁画佛说法图、卢舍那佛，西壁画金刚宝座塔、释迦涅槃变，北壁画佛说法图及降魔变等，东壁南北两侧画萨埵太子本生和须大拏本生。佛经上说，印度叶波国有太子名须大拏，孝顺父母乐善好施。一日，敌国遣婆罗门※八人来乞宝象，太子欣然施与。国王见却敌之宝象施与敌国，大为震怒，遂将须大拏驱逐出国。须大拏携妻儿驱车离国而去。途中遇婆罗门※来乞马、车、衣物，太子无有违逆尽数惠与，后至檀特山中结庐为居。一日有婆罗门来乞二子，太子趁妻子不在，亲缚双子令随之去。妻子归后不见二子，悲泣交加痛

本窟看点

萨埵太子本生图与须大拏太子本生图（东壁两侧）
右绕中心柱
莫高窟最早的涅槃图（西壁）
降魔变、卢舍那佛等说法图
凹凸法（南、西、北壁及平天井）

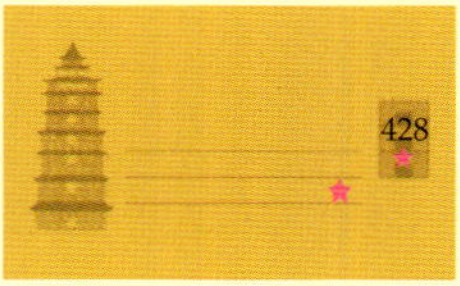

上 须大拏太子本生图部分
（东壁北侧）
中 天井装饰
（人字披东披）
下左 橘瑞超题记
（甬道南壁）
下右 萨埵太子本生图部分
（东壁南侧）

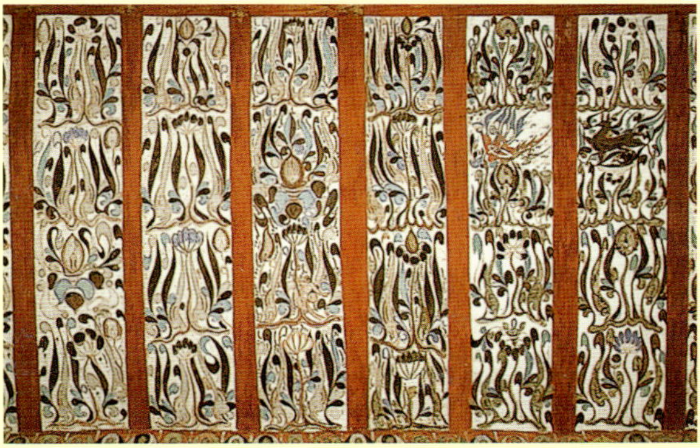

不欲生。最后国王为之感动，迎须大拏妻儿归回叶波国。故事分三段自外向内，以“之”字形顺序展开，内容连贯，场面宏大，为连环画式故事画成熟期的作品。与之相对的东壁南侧，亦以同样的手法画萨埵太子本生故事。

四壁下段及龛沿一周画供养人※ 1198 身，其中女供养人头梳鬟髻拱手而立，为汉民族妇女的装扮。男供养人头覆方巾穿圆领窄袖裤褶，为鲜卑人服饰，说明了当时敦煌地区崇尚胡服之风甚盛。

莫高窟 **第296窟** 北周 557-581

商队——让我们畅想古丝绸之路的文明

第296窟为方形覆斗天井窟，窟顶中央画莲花，四周画飞天，外围画忍冬纹※、垂幔、千佛带等装饰纹样。千佛带以外画故事画微妙比丘尼缘品、善事太子入海品和福田经变。微妙比丘尼故事始自西披中部，说的是一妇女名微妙，因前生罪业于今世受诸恶报，丈夫被蛇咬死，儿子被狼啖食，遇水溺死，一嫁再嫁，乃至惨遭人殉，最后遇佛出家为尼的故事。《诸德福田经》中说，若种丝发之德可获无量之福。为此众僧当修福田七法，即兴立佛图堂阁，造立园林树木，为人常施医药，作船济度人民，架桥过渡羸弱，掘井饮人乏渴，造厕施人方便。修此七事可即升天。此外南北壁画巨幅千佛列像，下段画五百强盗成佛缘与须阇提本生，最下画药叉列像。

上 商队（东顶）
下 藻井

本窟看点

微妙比丘尼因缘品（天井）
福田经变（北顶）

莫高窟
中期窟
581–907
隋・初唐・盛唐・中唐・晚唐

莫高窟迎来了营造石窟的最盛期，
覆斗形天井窟成了石窟的主流，佛、菩萨以及其他圣众，
衣着厚重，温和秀丽。体量如真人大小，造型写实，色彩艳丽。
初、盛唐两代，四壁画大幅经变画，构图严整，绚丽多彩。
中唐以后，塑像举止优雅，壁画色彩恬淡，
经变画的种类多达十余种。

第420窟主室全景

第 57 窟菩萨（南壁）

莫高窟 **第420窟** 隋 581-618

联珠纹——与西域诸国友好往来的见证

窟室平面呈方形，覆斗形顶，四披画法华经变。南、西、北壁三面各开一龛，西壁开券形龛，龛口略方，作内外两层，即所谓的复式方形窟，是隋代出现的一种新的造窟形式。龛内中央塑结跏趺坐*佛，两侧塑二比丘和四菩萨。主尊面形方圆，着通肩*袈裟，右手上扬至肩际，左手平伸于左膝旁。菩萨造型与第419窟无大差异，但面部的塑造又多了几分娟秀之气。主尊的僧祇支*及菩萨的衣裙*上，画猪头纹和联珠狩猎纹，是隋代敦煌与西域诸国，特别是波斯频繁交往的最好明证。龛外两侧上方画维摩诘经变文殊菩萨问疾品，下画比丘、菩萨诸众，肌肤的颜色已变成黑褐色。

窟顶的法华经变是隋代出现的大幅经变画之一，西披、北披画序品、见宝塔品，南披画譬喻品，东披画观音普门品。观音普门品说的是观音菩萨救济诸苦难和化现三十三身济度众生的故事。其曰：或遇险遇盗，或坠入水火之中，或行船遇险，或顶戴枷锁身受牢狱之苦。此时若“念彼观音力”，观音则可应声而至，以种种化现身救诸苦难。右图表现的是观音菩萨救济海难和落水难的情节。

上 西壁全景
下 观音普门品部分（东顶）

本窟看点

佛、比丘、菩萨像（西龛内）
法华经变（天井4面）

【敦煌石窟小知识】隋代壁画与东西方文化交流

公元581年，隋文帝杨坚结束了南北分裂的局面，建立了统一的隋王朝。而早在北周时代，武帝就遣使与波斯通好，萨珊国王库思老二世（Chosrau Ⅱ）在位时，武帝曾赠送波斯天青色绣衣袍一件，光彩华丽夺目，上有金丝绣群臣朝拜波斯王图和美人图。隋文帝杨坚时，波斯王亦遣使入朝，回赠金棉锦袍，色彩纹饰精美华丽，文帝命御府监何稠仿制，较之波斯所赠更佳。至大业初年（大业元年，605），隋炀帝派裴矩到敦煌招致胡商，并在张掖、武威一带举行了盛大的国际交易会。西域27国使节商旅云集甘、凉一带，炀帝亲临河西会见使者。

在南北统一丝路交通重开的形势下，莫高窟的石窟开凿得到了进一步的发展。隋代的莫高窟，在北朝期洞窟的基础上，又接受了来自北齐和西域的影响，第420窟的胁侍菩萨，衣裙※上画狩猎联珠纹，即在双环间画联珠纹，于内环画武士骑象，象后有猛虎厮咬。着翻领（或圆领）服装的武士，回首顾盼的象，躬身厮咬的虎，都常见于中亚地区的人物服饰或波斯银器。但是，象上武士使用的不是波斯的弓箭，却是中国的刀剑，说明了外来艺术在敦煌得到了进一步的融合

和发展。除此之外，在我国境内的新疆高昌、河北的正定，以及近年在莫高窟的北区石窟等地都发现过波斯王朝的货币。说明了不管丝路或开或阻，东、西间的交往和文化交流从未间断过，而大统一之后的隋代，与西域诸国特别是波斯的交流愈加频繁。

在莫高窟的隋代洞窟内，除了联珠纹以外，绘于隋代洞窟内的飞马纹、翼狮纹、对马纹、狩猎纹等等，亦多见西域的胡瓶、银盘以及波斯的织锦。这些纹样的出现，说明了在隋代的敦煌，莫高窟的造窟活动受到了波斯艺术的影响。

上 主尊僧祇支上的猪头联珠纹（莫高窟第420窟）
左 胁侍菩萨衣饰上的联珠纹（莫高窟第420窟）
右 联珠纹上所画狩猎纹（莫高窟第420窟）

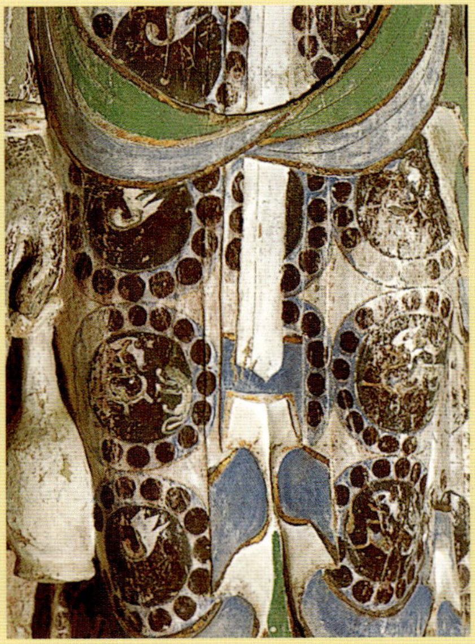

莫高窟 第419窟 隋 581-618

左 迦叶与菩萨
（西龛内北侧）
右 阿难与菩萨
（西龛内南侧）

眉清目秀的阿难与老成持重的迦叶

第419窟西壁开一大龛，龛内塑佛结跏趺坐※像及二比丘二菩萨。主尊着扁平肉髻※，身形与面部塑造丰满，着通肩※田相袈裟※坐方座上。若依形象判断，右侧的年老者为释迦的弟子迦叶※，左侧年少者为弟子阿难※，与龛内壁画中描绘的比丘像共同构成释迦与十大弟子。迦叶眉骨凸出眼窝深陷，身覆袈裟脚蹬乌靴，持钵立莲台上。与之相反，阿难却显得眉目舒朗，眉宇间透出几分灵气。

西龛外侧的小壁上方，南侧画文殊菩萨，北侧画维摩诘，两者遥遥相对，构成了维摩诘经变问疾品，下方画比丘与菩萨像。龛外平顶画弥勒上生经变。前部人字披※画须大拏太子本生、萨埵太子本生及法华经变譬喻品。

本窟看点

佛、比丘、菩萨像（西龛内）
弥勒上生经变（平天井）

三兔莲花藻井

巧夺天工的三兔藻井

这是一个覆斗顶方形窟，窟室西壁开龛，龛口呈方形，内塑一佛二比丘四菩萨，均经清代重修。但是，龛内的火焰纹背光，龛顶的伎乐天以及龛楣※装饰，热烈而奔放。窟顶画三兔莲花藻井※，井心画双重八瓣莲花，内画三兔绕环追逐。画家巧妙地利用了兔耳借用与被借用的关系，以三耳表六耳，使三兔于环内相互追逐无始无终。莲花四周以蓝色为底衬，画八飞天绕花飞翔，或持天花或展双臂，体态轻盈而洒脱。四周画菱形莲花纹※边饰※，红底蓝花白缘，色彩和谐而典雅。这种纹样常见于隋唐时代的织锦。最外层画三角垂幔纹※，并饰有椭圆形莲花，是隋代最具代表性的藻井之一。

本窟看点

三兔莲花藻井

莫高窟 **第427窟** 隋 581-618

佛立像与菩萨（中心柱正面）

弥勒三会造像与“光光相接”的千佛

第427窟是一个由前后室组成的洞窟，主室为前部人字披※，后部平顶中心柱窟。中心柱正面不开龛，塑巨型一佛二菩萨三尊立像。主尊着红色通肩※袈裟，右手上扬左手平出。菩萨头戴宝冠，上着僧祇支※下着裙※，跣足立莲台上。衣裙纹样细腻而富变化，有的纤薄如丝绸，有的厚重若织锦，其中的菱形狮凤纹和方格联珠纹※等，是经由丝绸之路传来的具有波斯民族特征的纹样。与之相似，南北壁人字披下方也塑同样的佛三尊像。这三尊像寓意着弥勒菩萨三会说法※，与该窟前室斜顶上的释迦涅槃经变遥相呼应，表示释迦圆寂后未来佛弥勒将下生阎浮提※济度众生。中心柱的南、西、北三面开券形龛，塑一佛二比丘像，龛沿画须大拏太子本生。南、西、北三壁中央画卢舍那佛和

本窟看点

一佛二菩萨三尊像（主室中心柱正面、南北壁）
天王、力士像（前室）
卷草纹（天井上方中央）
木构窟檐（前室）

上 卷草纹装饰
（主室人字披天井）
下左 佛坐像与比丘
（中心柱北向面）
下右 菩萨裙饰上的菱格纹
（主室南壁左胁侍菩萨）

说法图，余处画千佛列像。该窟的千佛遍布洞窟四壁四隅，以绿、白、青、褐四色描绘，虽然有相当程度的变色，但从东披保存的几排千佛来看，原来都妆有金彩。

前室为三间四柱的宋代木构屋檐，入口上方的横梁上墨书宋乾德八年（970）题记一则，可知该窟重修于曹元忠统治敦煌时期。前室南、北壁各塑天王二身，均头戴宝冠铠甲严身，握拳怒目足踏药叉。主室入口两侧塑力士像各一身，皆裸上身束战裙※，既感到威严又令人恐惧。这些神像均由宋代妆彩，但身形还是隋代的原作。

莫高窟 **第276窟** 隋 581-618

左 菩萨与比丘（南壁）
右 维摩诘（西龛外北侧）

疏体——色彩清新淡雅、线条疏密有致

第276窟西壁开方口龛，现存隋塑佛、比丘、菩萨各一身。龛外南侧画维摩诘经变之文殊菩萨，北侧画维摩诘。在隋代，维摩诘经变常常被画在龛外南北两侧的小壁上方，而此窟却打破常规以大壁面来表现。图中的维摩诘冠巾蓄髯，着深衣长衫，右手执麈尾※，左手作上托状，两唇微启，似欲言而又止。与之相对的文殊菩萨，两手上举侃侃而谈。身后山石险峻树木苍郁，为莫高窟早期的大幅山水画。南北壁各以整壁画说法图，其中北壁的说法图中，一僧身着田相袈裟※，右手捻花左手持钵，而身旁的菩萨，头戴化佛冠※，右手持莲。身后依然画山石，上面还点缀有树木。

从整体上看，该窟人物形象写实生动，色彩淡雅线条舒朗，是莫高窟隋代出现的一种新画法，也就是画史上说的疏体※。

本窟看点

维摩诘与文殊菩萨（龛外两侧）

莫高窟 第57窟 初唐 618-704

说法图（南壁）

莫高窟最美的观音菩萨

洞窟为小型覆斗顶方形窟，西壁开复式大龛，为隋代窟形的遗绪。中央塑趺坐佛一身，两侧分别塑比丘和菩萨像。塑像保存完好，虽经后代重新妆彩，但造型上却不失初唐时的风范。内龛南侧画思惟菩萨。龛外上方画乘象入胎※和夜半逾城※，下画菩萨立像四身。

南壁中央画阿弥陀说法图，四周画千佛列像。主尊阿弥陀佛坐莲座上，面部已变成黑褐色，袒右肩着红色田相袈裟※，右手上举左手置左膝上。佛座中央画香炉，两侧二狮对侍。两侧画观音和大势至菩萨，左侧的观音头戴化佛冠※，着项饰、胸饰、腕钏※、臂钏※等瓔珞※佩饰，以“沥粉堆金※”的手法塑出，并施以金泥，显得富贵而华丽。两眼微微下视，身体稍稍内倾，又显出了东方女性的娇柔和妩媚。与之相对的势至菩萨，右手外伸左手上举，体态轻盈而飘逸。三尊像身后画二比丘、八菩萨和二力士，有的倾身似潜心聆听佛的教诲，有的聚首似窃窃私语。在人物的描写上，阿弥陀三尊的形象较大，其他圣众次之。而力士的形象最小，整体上结构严谨主次分明。在绘画技法上，采用了我国传统的晕染法※，即使用红色晕染人物眼睑、两颊，给人以神采奕奕精气饱满的感觉。

本窟看点

阿弥陀说法图，尤其是其中的右胁侍菩萨（南壁）
思惟菩萨（龛内南侧）
菩萨（龛外两侧）

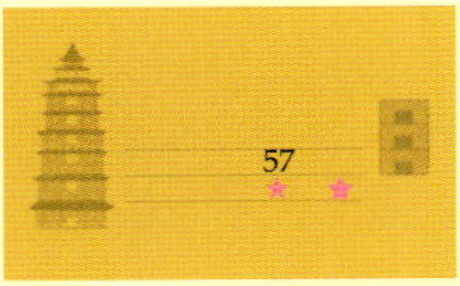

菩萨（南壁）

与之相对的北壁也画阿弥陀说法图，主尊阿弥陀佛坐莲台上，两旁有比丘、菩萨相侍，下方是涟漪的宝池，佛菩萨皆从莲中出。上方的飞天，或展双臂散花，或持飘带飞舞，与日本法隆寺金堂壁画中的飞天十分相似。

上 思惟菩萨（西龛南侧）
中 飞天（北壁）
下 飞天（日本法隆寺金堂壁画——法隆寺刊《回顾·金堂罹灾》）

左 迦叶、菩萨、天王（西龛内北侧）
右上 说法图（南壁）
右中 西龛全景
右下 幡挂钩（南壁）

颇具人间气息的唐代造像

窟室平面呈方形，西壁开复式双层大龛，内塑佛、比丘、菩萨、天王七身像。主尊结跏趺坐※，两腿双脚裹覆在外层袈裟内，右手上扬左手置左膝上，即所谓的说法相，这种造型是莫高窟初唐晚期至盛唐早期主尊趺坐佛造像的通式。主尊两侧，比丘一老一少分立左右，与身后的八身比丘合为十大弟子。由此可知，西龛表现的很可能是释迦说法像。比丘外侧塑胁侍菩萨，均辫发斜披络衣※，着裙※立莲台上。外侧的天王像头戴兜盔、身覆顿项、掩膊，穿胸甲战裙※，裹行滕乌靴，俨然一幅唐代武士的装扮。该窟塑像的造型有别于其他的洞窟，隆鼻阔口，身形纤瘦。塑造手法上也趋向写实，体形与人等高，与其说是“神”，不如说更贴近现实生活中的“人”。

南北壁中央画说法图，四周画千佛列像。主尊作倚坐※像，旁边的菩萨，或持莲花，或执琉璃盘，构图简洁明快。东壁两侧画说法图、菩萨及坐佛，上方画说法图三幅。又，在洞窟四角和四壁中央的上方，有几个塑出的勾状物，很可能是悬挂供养幡※的地方。

本窟看点

菩萨与天王像（西龛内）
说法图（南壁）
说法图（东壁上方）

莫高窟 **第220窟** 初唐 618-704

阿弥陀净土变（南壁）

敦煌豪族翟氏、守修近300年的家庙

第220窟位于南北两大像的中间二层，1943年将表层宋代壁画剥离后，发现了完好如初的初唐壁画。据东壁入口上方和北壁发现的造窟题记，知该窟建造于初唐贞观十六年（642），为敦煌豪族翟玄迈出资修建。历经盛唐、晚唐，至五代同光三年（925），又由翟玄迈九世孙翟奉达重修甬道，并于北壁画新样文殊图一铺。

窟室为覆斗顶，西壁开一龛，存一佛二比丘二菩萨像。虽经后代重修，但其中迦叶※像，阿难※及菩萨像的下半身，均较好地保留了初唐时的风貌。写实的造像风格，洗练的塑造手法，是我们研究初唐期塑像的标准作品。南壁以整幅壁面画阿弥陀经变，在碧波荡漾的宝池中，主尊阿弥陀身着右袒式袈裟，结跏趺坐※，双手在胸前作转法轮印※。主尊两侧画观音菩萨和大势至菩萨，在胁侍菩萨的周围，画菩萨和听法诸天众，他们有的状若沉思，有的相互顾盼。下方画莲池和勾栏，莲池中有儿童戏水，勾栏上有凭栏菩萨，千姿百态，颇具情趣。此外，与之相对的北壁药师净

本窟看点

阿弥陀净土变（南壁）
药师净土变（北壁）
维摩诘经变（东壁两侧）
迦叶与阿难（西龛内）

上左 上右 下左 菩萨（南壁）
下右 乐队（北壁）

土变，画面中央画立佛七身，着偏袒或通肩※式袈裟，或持念珠或持药钵，跣足立莲台上。下方通壁画乐舞图，画面中央的两组舞者，一白裙※素裹，一锦衣严身，在小圆毯上飞速旋转，应该是西域传来的胡旋舞。两侧画两组乐队，他们的肤色不同，所持乐器各异，其中一人一边唱歌一边将手中的盘子抛向空中。在舞者和乐队之间，二菩萨正点燃灯轮，使豪华而庄严的药师净土又增添几分辉煌。

在洞窟的东壁两侧画维摩诘经变，南侧的维摩诘身体略向前倾，手握麈尾※凭几而坐。下方画前来听法的各国国王，他们形貌各异，肤色与服饰不同，多是西域各族胡人的形象。与之相对的文殊菩萨手持如意，神态自若，与维摩诘形成了鲜明的对比。文殊的前方画舍利弗※，下方画听法的汉族帝王及其群臣。就人物的造型而言，与传世的阎立本※画《历代帝王图卷》中的帝王十分相似，但就人物的描写和赋彩而言却有过之而无不及，并且较后者的制作年代还早三十年左右。

上 帝王图（东壁北侧）
下 维摩诘（东壁南侧）

【学者评说】

敦煌的魅力

中国文联副主席 冯骥才

第290窟母子还宫图

世界任何传说中神奇的地方，只要是去过一次便不再神奇。但惟有敦煌，当你造访它之后，心里的感觉反倒更加神奇。

站在这人迹罕至、一无所有的戈壁滩上，你一定会惊奇不已，是谁把如此博大浩瀚的艺术殿堂搬到这里？可是，在你知道它是丝绸之路的创造之后，那个遥远而漫长的色彩缤纷的东西方交流史，就一下子拥到你面前。而丝路史的一切，你都能在敦煌石窟里找到它鲜活的踪迹。

也许讲解员会从不同朝代洞窟里的神佛形象，给你有序地勾画出一种历史性的文化嬗变。于是，一段深邃而动人的佛教东渐史，一准会把你迷住。你不是已经从壁画中发现到大唐和尚玄奘及其弟子悟空？然而，石窟的内涵何止于此。一切佛教的传说与经义，各个朝代的精神思想和世俗景象，全都画在这五百多个洞窟的四壁与窟顶上。这是一部放在沙漠上壮丽无比的佛学图典，一件在地球上展开数十公里的举世无双的千年画卷。从这个意义上说，敦煌是永远读不完的。不管你读书万卷还是学富五车，在敦煌面前你永远是个才疏学浅的小后生。敦煌知道的永远比我们知道的多得多。

面对着这些天国一样灿烂的洞窟，如果你对它建造的过程非常好奇，想探明究竟，你就会登上西北各民族相争又相融的历史舞台；如果你迷恋于那些灿烂又神奇的壁画与雕塑，想深入一步，你就会纵入中国美术史溢彩流光的长河中。在中国和世界各大博物馆都看不到的东西，在这里却能看到。惟此，它是中国艺术家的艺术麦加。如果你对敦煌略知一二，对藏经洞※的故事感到兴趣，那么中国文化史上一个最大的谜就会把你包裹起来。

你一走进洞窟，四壁上无穷无尽的故事传说，千奇百怪的形象，莫名的表情与尚未破译的细节，全都面对着你。从这里，你一定会获得无数发现、答案与知识，也一定会带走无数问题与疑团。

近百年来，一代代学者和艺术家来到敦煌，一直守护在这里，研究、挖掘和整理，从一头青丝到满头白发。是什么力量把他们吸引在这寂寥的荒滩上？

敦煌是中国最大的最富魅力的文化磁场，也是人类文化的一个伟大的磁场。记得在日本，绘画大师平山郁夫对我说过：“在世界上只有一个地方我随时都想去，就是敦煌。”

莫高窟 第329窟 初唐 618-704

上 藻井
右上 乘象入胎（西龛天井）
右下 夜半逾城（西龛天井）

佛传——乘象入胎与夜半逾城

覆斗顶方形窟。天井中心画莲花飞天藻井※，周围画四飞天环绕飞翔，藻井外围画卷草纹、联珠纹和帷幔※装饰，四披画千佛。龛内塑像均经清代重修。龛顶画乘象入胎※和夜半逾城※，前方有乘龙天人※和乘虎天人※导引，后方有雷神、风神诸天护卫。北壁画弥勒上生和下生经变，弥勒上生经变表现的是弥勒菩萨在兜率天※宫作菩萨时，受五百亿天子供养，时现种种神异。下生经变说的是，弥勒于未来世三会说法※，其时庄稼一种七收、树上自然生衣，路不拾遗、夜不闭户，以及国王王妃、大臣宫女竞相出家。画面左侧的两方空白中的菩萨，为1924年美国华尔纳※窃取。又，东壁南侧的女供养人※，穿窄袖衫，系长裙※持花供养人，为初唐期供养人中的佳作。

本窟看点

弥勒上生、下生经变（北壁）
乘象入胎与夜半逾城（西龛天井）
说法图（东壁上方）
藻井（天井）
供养人像（东壁下方）

左　张骞出使西域图（北壁上部）
右上　石佛浮江图，中央部分被华尔纳粘剥（南壁中央上部）
右下　石佛浮江图（复原、陶板画）

张骞出使西域

第323窟由前后室组成，窟内南北壁描绘了多种佛教史迹画*，北壁西端画张骞出使西域，在侍从的护卫下，汉武帝高居马上，其前张骞跪地持笏板*，后为持旌节的侍从和马匹辎重，描写的是张骞辞别武帝西行前的场面。上方张骞一行渐而远去，最上方画西域式城郭，其前二僧作礼在迎接张骞。在张骞出使西域的右边，依次画汉武帝于甘泉宫祭拜金人*，释迦晒衣石*的故事，佛图澄*幽州灭火*，阿育王拜外道塔塔遂崩坏，以及舍利显瑞，康僧会使吴王信佛等故事。

南壁西端画石佛浮江，说的是有二佛浮现于吴淞江，有道士设醮迎之，不获而归。后信佛者跪拜迎之，佛遂至通玄寺。画面自西向东画二佛浮江、道士设醮，信者跪拜及信众迎往等情节，是研究佛教自海路传入我国时的形象史料。人物的描写也十分生动，往迎二佛的信众中，一人牵牛前行，牛上骑坐着妇女和孩童，身后一妇女正在驱赶，有着浓厚的民间生活气息。在石佛浮江的东侧画扬都金像出渚的故事，说的是自海中得金像、莲座和背光，后迎至扬都供养的故事。遗憾的是迎接金像的大船（以及东壁北侧戒律图的一部分），在1924年被美国的华尔纳*窃取，现保存在美国哈佛大学赛柯勒美术馆。这些故事，有的是印度的佛教史迹，有的与佛教初传我国的传说相关，都是我们研究佛教东渐，特别是佛教自海路传入我国的不可多得的珍贵资料。

本窟看点

张骞出使西域图、濯衣石、佛图澄幽州灭火（北壁）
石佛浮江图（南壁）

莫高窟　第321窟　初唐 618-704

左上 供养菩萨与飞天（西龛天井）
左下 藻井
右 十一面观音（东壁北侧）

凭栏菩萨与六臂十一面观音

覆斗顶方形窟。窟室西壁开平顶敞口龛，内存清修塑像七身。龛顶画如来赴会三铺，南北两侧各画双飞天及凭栏菩萨。飞天上身半裸下身着裙※，体态轻盈而洒脱。凭栏菩萨于栏墙内，或扭腰曲臂或以手散花，俯身眺望下界众生。北壁画阿弥陀净土变，阿弥陀佛坐中台上，偏袒右肩※作转法轮印※，两侧有观音和大势至诸菩萨围绕。宝池内有化生※祥鸟戏水，空中有楼阁花树止住。南壁的宝雨经变※，依菩提流志译《宝雨经》（长寿2年，693年）所画，遗憾的是主尊右侧的两方壁画亦于1924年被美国华尔纳※粘剥。

东壁南侧画如来立像及二菩萨，北侧画十一面观音并二胁侍。观音六臂十一面，除下垂的二手持净瓶和柳枝外，其余四手在胸前和肩侧作印。以宝塔式即三头、五头、三头的形式表现十一面，是研究早期密教图像的珍贵资料。此外，东壁上方画三铺说法图，色彩厚重，线条流畅，其中比丘的袈裟、菩萨的花裙也是我们研究唐代染织工艺的绝好资料。

本窟看点

宝雨经变（南壁）
飞天（西龛天井）
十一面观音（东壁北侧）

大佛头部（西壁）

九层楼——莫高窟的象征、34.5米的大佛

第96窟是大像窟，通高34.5米，位于莫高窟中寺前广场出口附近。据第156窟前室北壁《莫高窟记》等资料，知该窟初建于唐延载二年（695），为四层重檐式建筑，塑像曾涂装金彩。公元9世纪之前改四层为五层，后历经宋代、西夏、清等时代重修。民国时又将大殿改为九层，为硬山一面坡式建筑。1924年华尔纳※来敦煌时佛殿上层已经塌毁，从树枝隙间拍得大佛头部照片一张。大佛面形丰圆，眉目舒朗，着波状肉髻※，显示出典型的初唐样式。据此可以推知，历代重修的仅只是大殿本身，对塑像可能未做大的改动，最多只是重新赋彩而已。1928–1935年间，敦煌民众又对大佛进行了重修，除了将原有的五层改为九层外，还对大像进行了全面的整修，并重新妆彩。2000年，敦煌研究院对大殿内室和外围进行了发掘，如窟内和洞窟北侧的遗址展示，初唐时的佛殿建筑在现今地面的1.5米以下，规模也较现在宏大。在造像技法上采用的是，在崖体上先雕凿大像的身形，然后附塑泥妆彩，即石胎泥塑的方法塑造。

本窟看点

大佛（西壁） 窟内外发掘后的各时代地层展示

大佛（西壁）

从造像样式上看，该像为弥勒倚坐※佛像。其与武则天命薛怀义、僧法明等伪撰《大云经疏》，于各州建大云寺等历史事件相关。藏经洞※中曾出土《大云经疏》残片，亦有与大云寺相关的记载，疑今之第96窟即是古之大云寺。

左　阿弥陀佛与五十菩萨图（东壁南侧）
右上　八王分舍利（南壁）
右下　阿弥陀净土（日本法隆寺金堂壁画——法隆寺刊《回顾·金堂罗灾》）

一佛五十菩萨图与涅槃经变

第332窟是一个前部人字披※后部中心柱窟的洞窟，但中心柱四面不开龛，而在中心柱正面和人字披※下方南北两侧塑一佛二菩萨三尊大像。西壁开一横长的券形龛，内塑释迦涅槃像一尊，与之相关，南壁画释迦涅槃经变。画面从南壁西侧下层开始，分上下两层表现释迦双林入灭※、纳棺、再生说法、荼毗以及八王分舍利等情节。八王分舍利画在涅槃变的左上角，八国将士持矛执盾，飞马激战，与肃穆的涅槃、悲怆的荼毗浑然一体。与之相对的北壁画维摩诘经变。东壁南北画阿弥陀佛五十菩萨图和释迦灵鹫山说法图※。阿弥陀佛及五十菩萨图不似其他的净土变，既没有高耸的楼台亭阁，也没有大幅的舞蹈场面，主要表现的是阿弥陀和五十菩萨。与之相类的阿弥陀净土经变还见于日本法隆寺的金堂壁画。

本窟看点

涅槃经变（南壁）
阿弥陀佛与五十菩萨图（东壁南侧）
涅槃像（西龛内）

上左 菩萨像（佛坛南侧）
上右 比丘像（佛坛北侧）
下 三兔藻井(天井)

造型写实、技法洗练的圆塑群像

覆斗顶方形窟。该窟始建于初唐，经盛唐、中唐、五代续建。窟室中央设一方坛，塑一佛、二比丘、二菩萨、二供养菩萨及二天王（中唐）九身像。该窟的塑像不同于其他洞窟，均采用圆塑的手法制作。虽然塑像的面部、手臂有严重损毁，但无一不显示出古代佛师高超的表现力和非凡的写实技巧。佛坛南侧的半跏坐菩萨，胸、腹部的肌肉塑造丰腴而不肥满。裹覆下身的长裙※，轻柔而自然地垂悬在莲座上。主尊两侧比丘像的袈裟，简洁而又洗练，连袈裟上的山水都描绘得细致入微。

天井中心画三兔藻井※，其创作构思如隋代的第407窟，即以三耳表六耳。天井四披画千佛，每一千佛都位于佛塔内，较之横排式的千佛，又增添了几分肃穆和庄严。此外，西壁为中唐画弥勒净土变，南壁画观音经变，北壁画西方净土变和灵鹫山说法图※等壁画。

本窟看点

半跏趺坐菩萨像（佛坛上）
比丘像（佛坛北侧）
三兔藻井(天井)

左 法华经变部分之化城喻品（南壁）
右 观音普门品部分（东壁）

田园诗般的青绿山水画——化城喻品

覆斗顶方形窟。该窟建于盛唐初期，西壁开敞口龛，龛内塑像已失。北壁画观无量寿经变，南壁、东壁画法华经变和观音普门品。南壁以序品即释迦说法图为中心，在左右及下方画法华经相关诸品，其中最有代表性的是画面右侧的化城喻品。故事说，有众人远行取宝，因路途遥远，且多险阻，畏难欲返。时导师以神通力化现一城，使众人得以休息。经中言取宝时路途艰险旷绝无人，而图中却描绘得青山叠翠，细水蜿蜒。行旅们穿行在青山绿水间，头戴帷帽※的妇女，西域式的城郭，构成了一幅田园诗般的山水画。东壁门上画释迦灵鹫山说法图※，两侧画法华经变观音普门品，门北的比丘像是五代重修该窟的供养人※洪认。北壁画观无量寿经变，亦称观经变※，阿弥陀佛居中台上，左右平台上有观音和势至二菩萨坐侍。上方为楼台亭阁和不鼓自鸣的天乐，下方有雕栏水榭和翩翩起舞的伎乐。在画面的最下方画九品往生※，左右两侧分别画序品未生怨※及十六观。其中在经变下方画九品往生的例子还见于莫高窟第171、131等窟，与日本当麻曼荼罗的构图形式相一致。

本窟看点

化城喻品（南壁）
观无量寿经变（北壁）
观音普门品（东壁）
塑像头光（西龛内）

【敦煌石窟小知识】

法华经与法华经变

一般地讲，《法华经》指的是天竺高僧鸠摩罗什※（350–409）译《妙法莲花经》。罗什译本共七卷27品，译于姚秦弘始八年（406），现收在《大正藏》(《法华部》)第九卷。此外，与之相同的译本还有月支人竺法护（239–316）于西晋太康七年（286）译《正法华经》十卷27品，以及北印度僧阇那崛多（532 – 600）、笈多共译《添品妙法莲花经》七卷27品。

法护译《正法华经》虽在公元3世纪末就已译出，但因其语言艰涩难懂未能广泛流传。而罗什译《妙法华》却“寻其幽旨，恢廓宏邃”，因此，罗什译《妙法莲花经》得到了最广泛的流传。在敦煌和吐鲁番地区，日本大谷探险队得自吐鲁番的建初七年（411）比丘弘强写供养经就是最早的遗品之一，距罗什于长安译出该经仅只5年。

在莫高窟，第259窟的释迦多宝并坐说法像，是根据《法华经》制作的最早作品。然而，以《法华经》为题材的经变画始自隋代，绘于第420窟天井的法华经变，仅包括《序品》、《譬喻品》和《观音普门品》等五品。

其中《序品》位于经典的起始部分，相当于现代文章的序言。《法华经·序品》描写的是佛住王舍城耆阇崛山中与比丘、菩萨、天王等讲说大乘经典，于眉间现白毫相光，见彼土六趣众生及现在诸佛。复见诸佛般涅槃及诸佛七宝塔，现种种神变相。诸比丘众疑，文殊菩萨言当说《法华经》。于是释迦乃为诸众说此《法华经》。

《譬喻品》最主要内容是火宅喻品，说的是一国中聚落有大长者，年事已高，并有田宅僮仆无数。其家豪富屋宇广大，但惟有一门。长者及子，诸多人众，止住其中。然堂阁朽腐，梁栋倾危，且周围火起欲焚宅舍。长者诸子在宅舍中快乐嬉戏，全然不知火逼己身。时长者即作是念：此宅若为大火所烧，我及诸子，若不时出，必为所焚。于是为其设种种珍玩，羊车鹿车牛车，以为游戏。尔时诸子闻父所说，争先恐后出此火宅。经中以长者喻佛，为世间一切众生之父，以长者豪宅惟有一门喻离脱诸苦惟有佛道，以火宅喻三界，意思是说，人间世界充满生老病死，无论声闻、缘觉、菩萨乘之人，欲度脱三界诸苦，可乘羊车鹿车牛车得涅槃境。

《观音普门品》说的是观音菩萨变化为三十三种不同的人物为不同的信士演说佛经。在遇险遇盗，或坠入水火之中，或行船遇险，或顶戴枷锁身受牢狱之苦时，若“念彼观音力”，观音菩萨可应声而至，以种种化现身救诸苦难。

莫高窟第420窟天井南披之《法华经变》之火宅喻
上 乍一看室内无惊无险，但屋脊上已有大火燃起
中 屋外火势渐盛
下 大火四处燃烧，恶鬼咆哮，野兽啖尸，一片恐怖的气氛

莫高窟 **第328窟** 初唐 618-704

造像——贞观样式西传敦煌

覆斗顶方形窟。该窟建于初唐晚期，西夏时重修窟室四壁及天井。窟顶中心画羯磨杵※，为密教的法器之一。东、南、北三壁画净土变和说法图等壁画。西壁开敞口龛，中央的释迦牟尼坐像呈降魔坐式。佛像头着螺髻，面形略长，右手高举至肩际作施无畏印※，左手伏左膝上。袈裟质地轻柔，裹腿的衣纹处理，覆座的褶皱表现，简洁而又舒缓。南侧的阿难※倾身袖手于腹前，北侧的迦叶※蹙眉合掌恭身而立，恰如其分地表现了两比丘的灵秀和谦恭。比丘外侧的菩萨为游戏坐，均发髻高耸，将内侧腿垂悬在座下，外侧腿屈盘于座上。肌肤塑造细腻，台座的贴金和红绿色的渲染，表现出大唐盛世的富足和强盛。再外侧是四身供养菩萨像，供养人※在洞窟中虽属小品，但也刻画得细致入微。其中龛外南侧的一身，在1924年被华尔纳※盗走，现存美国哈佛大学赛柯勒美术馆。

上 西壁全景
下 迦叶与菩萨
（西龛内北侧）

本窟看点
塑像群（西龛内）

阿难※（西龛内南侧）

塑像——盛唐时代的代表作

覆斗顶方形窟。西壁开方形敞口龛，龛顶画释迦多宝并坐说法像及众菩萨，人物描绘细致入微，用色清新淡雅。龛内塑释迦牟尼及阿难※、迦叶※、二胁侍菩萨和二天王七尊像，除了臂膊和手指有个别补修外整体上保存良好，色彩上亦少有退变，很接近盛唐时的原状。主尊如来面形丰圆，右手上举左手伏左膝上，覆肩的外层袈裟裹覆双腿后又垂悬在台座上。身旁的阿难※年轻貌美肌肤圆润，腰肢微微内倾。与之相反，迦叶却塑造得瘦骨嶙峋，紧蹙的双眉下一双炯眼，眉骨、颧骨、锁骨、胸骨塑造得十分突出，是

本窟看点

塑像群（西龛内）
释迦、多宝及其周围的菩萨（龛内天井）
观音普门品（南壁）

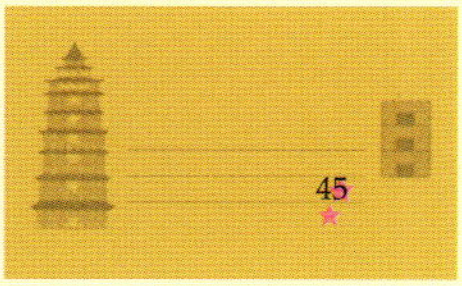

迦叶与菩萨（西龛内北侧）

一个饱经风霜的老者形象。两身菩萨，高髻危耸，头部略向内倾，裸露的上半身肌肤圆润而不肥满。天王像立于菩萨像外侧，均甲胄严身，握拳叉腰立药叉身上。尤其是北侧一身，双眉紧蹙，怒目张口作大吼状。面部肌肉紧张而不呆板，甲胄的雕刻细致且有厚度，给人以金属或皮质之感。

上 观音普门品部分 遇海难（南壁）
下 观音普门品部分 遇盗难（南壁）

南壁的观音普门品也是观众喜闻乐见的壁画之一。壁面中心画观音菩萨立像，装饰繁缛的天盖，富丽的璎珞※佩饰，反映了人们对观音的热切信仰。两侧画观音济度诸难和观音三十三应身。僧俗人物的描绘生动而自然，无论是山林中遇盗的胡商还是波涛中行驶的海船，或是身陷囹圄的罪人，行刑前的死囚，危难中只要“念彼观音力”，便可以化险为夷悉得解脱。深目高鼻的胡商、戒备森严的牢狱以及张帆奋进的海船等等，无一不是取材于当时的现实生活，是我们研究唐代社会生活史的形象资料。

北壁通壁画观无量寿经变，画面中央阿弥陀佛结跏趺坐※于莲台上，左右有观音和势至相侍。如来的上方，林立的高楼间天乐不鼓自鸣，下方平台上，鼓乐声中伎乐在轻歌曼舞。在中心净土变的两侧画未生怨※和十六观，惟洞窟下部一周的壁画残损严重，为我们留下了几分遗憾。

左 大佛（西壁）
右 乐廷瓌夫人供养像（临摹品）

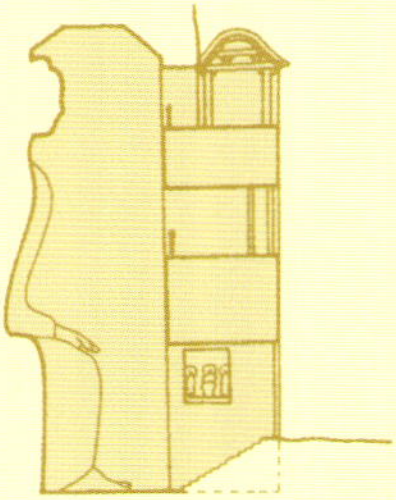

侧面图

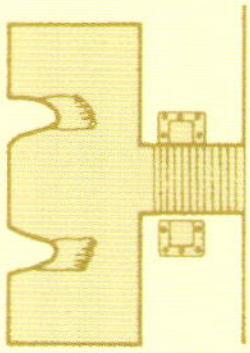

平面图

27米的南大像与乐廷瓌夫妇供养像

第130窟是大像窟，古称南大像，洞窟在大像胸、腹部的平行位置分别开两个明窗，沿洞窟前方的台阶而下，可从下方观览到大佛的全貌。与第96窟相似，大佛也是石胎泥塑的倚坐※像，通高27米。除了作施无畏印※的右手和腹部略有补塑外，其他均为盛唐时的原作。据《莫高窟记》"开元中，僧处谚与乡人马思忠等造南大像高一百二十尺"的记载，以及20世纪60年代对石窟壁画加固时发现的数十件绢幡※，知该窟初创于开元功毕于天宝，历时30年有余。又据该窟甬道南壁供养人※题记，知该窟为晋昌郡太守乐廷瓌及其夫人太原王氏修建。南壁的乐廷瓌夫人头饰抛家髻※，身穿绿衫红裙※，着巾帔。身后有二女和侍女九人，或半臂※衫裙，或幞头※男装，显示出供养者的虔诚和富有。该窟经宋代、西夏多次重修，天井为宋画团龙藻井※，南北壁为西夏画巨幅菩萨像，东壁南北两侧在西夏的重层壁画下，可见盛唐画涅槃变。又，1877–1879年间，俄人普尔热瓦尔斯基（Przhevalskii）率领的第二次中亚考察团曾到访敦煌，留下了该窟的速写一张。

本窟看点

大佛（西壁）
乐廷瓌夫人供养图（南壁）

【敦煌石窟小知识】幡 ……樊锦诗

在世界上享有盛誉的我国古代丝绸，自汉以来，沿着著名的“丝绸之路”源源西运。位于河西走廊西端的敦煌，它是总汇“丝绸之路”南北两路，连接河西走廊的“咽喉之路”，在“丝绸之路”上，占有重要位置。近年来，在“丝绸之路”沿途的许多地点不断有古代丝织物发现，敦煌就是其中的一处。

1965年为加固莫高窟130窟窟内大面积脱落壁画，当时的敦煌研究所保护组的研究人员们在窟内南壁西端，距西壁约1米，距地面20余米处，在钻加固壁画的铆孔时，发现底层壁画下有一岩孔，孔内堵塞残幡※等丝织物一团，经整理共为40件。

莫高窟发现的这些丝织物，就其形制来说大部分是幡。它们是僧、尼和世俗佛教信徒进行宗教活动的产物。

佛教用的幡，大致有两类，一类是作为表示佛的“威德”的供具。或悬挂在塔和宝盖的两侧，或执之引路为前导。这种种用途在敦煌壁画中都可以看到清楚的描绘。如第428窟西壁有塔侧悬幡；第305窟西壁有宝盖侧悬幡；第322窟南壁“涅槃经变”中有比丘、菩萨执幡、幢送葬；此外，第331窟南壁画菩萨执幡和幡插于架上。在壁画中系幡的长竿顶端，多作龙头状或莲花状。另一类幡，则是一些佛教信徒为了消灾免病，求福祈寿而施舍的供养幡，第130窟发现的幡多属于这一类。其中两口发愿文幡都写明是为“患眼”、“患腰”，为“已身”、“亡女”而发愿造幡的。

幡的形制，幡首作三角形，多用双层织物缝合而成。较精致者则在三角幡首外缘另镶包边。比较简陋的是空心幡首，仅缝制成幡首的三角形边框，这类幡首较少。幡身多由多段方形或扁方形织物联接而成。衔接处留出空隙，插以竹棍或芨芨草之类的细棍（有的还缠裹丝绵），以使幡身平展。幡身两侧又多缀色丝的短穗或色绢短带，幡尾呈燕尾状。幡，大者长至数米，小者仅30余厘米，有的幡与幡首尾相联接，有的系于长绳之上，表明它们在洞窟内悬挂时是大小缀连在一起的。在莫高窟的290、322窟窟内就存有圆头木桩和“挂钩”（本书第68页）。

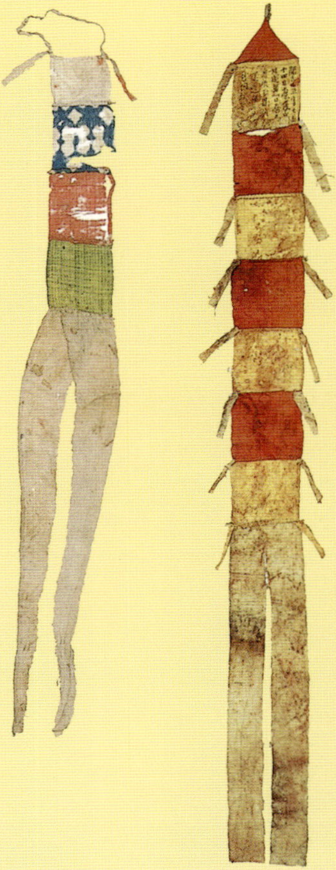

随着佛教的传播，开窟、建寺、写经、造幡之风也跟着盛行起来。仅就造幡而言，北魏时有的寺庙竟至“幢幡若林”，“悬采幡盖，亦有万计”。在敦煌，藏经洞※中所出的绢画、幡、刺绣等，被斯坦因一次盗去的就有五箱之多，如上图的画幡占有一定的数目。又据敦煌卷子记载，敦煌当时除了有职业的抄写佛经的写经生外，还有一种书幡人。

莫高窟　**第320窟**　盛唐 705-781

脱壁而出的飞天与富丽堂皇的藻井

上　飞天与阿弥陀经变部分（南壁）
下　藻井

该窟开凿于盛唐晚期，方形覆斗顶窟。西壁龛内现存如来倚坐※像、一比丘及二菩萨。南北壁分别画阿弥陀经变和观无量寿经变。南壁中央的方形区划内画阿弥陀佛观音、势至及天龙八部。上方有两组飞天两两相对，前方的飞天回首顾盼，后方的飞天呼应赶上，均奋臂作散花状。下方横长的莲池内画化生※菩萨17身，左右分别画40身化生如来以及化生童子，皆坐同茎莲花上。这种形式的阿弥陀经变，既不见于敦煌的其他时代，也不见于其他石窟，为敦煌画家的独创。不幸的是，在主尊的左右有两方被剥离的痕迹，为1924年美人华尔纳※粘剥。

窟室北壁画观无量寿经变，中心经变部分分三段组成，上段画宝楼阁，中段为阿弥陀如来和观音、势至二胁侍菩萨，下段画乐舞会，经变两侧画未生怨※和十六观。值得一提的是窟室天井的藻井※，方井中心分三层画莲花图案，周围画半团花、菱形纹、莲花纹及彩铃垂饰，以青、红、黑、绿、白五色彩绘。虽有些变色，却使人觉得色彩厚重富丽堂皇。

本窟看点

阿弥陀经变
特别是上方的飞天（南壁）
藻井（天井）
观无量寿经变（北壁）

观无量寿经变（北壁）

气势恢弘的“观无量寿经变”

方形覆斗形窟。窟室西壁开一龛，龛内塑如来倚坐※像及比丘菩萨像。唐代的敦煌，以阿弥陀为内容的经变画得到了长足的发展，在许多洞窟的主要壁面都画阿弥陀经变。该窟南北壁分别画观无量寿经变各一铺，但经变的构图及表现形式却各不相同。南壁以俯瞰式的表现方法，在中台描绘了阿弥陀佛和观音、势至及众菩萨，以俯视、仰视和平视的不同角度，表现了中台两侧及上方的楼阁。楼阁宫殿间相互关联，亭台水榭错落有致。特别是如来身后的大殿，廊柱近大远小，屋檐上宽下窄，说明了画工已能够运用简单的透视原理。在楼阁的内外和平台的两侧还画有水波荡漾的宝池，从而又增强了画面的纵深感。北壁的观经变※则不相同，宫殿楼阁鳞次栉比，人物的布局井然有序。此外，在净土变的两侧依然画未生怨※和十六观。

东壁南北两侧画文殊、普贤经变，乘狮骑象的文殊、普贤下方画诸圣众，两侧画山石树木和流水。以高远平远的手法表现山石，以青绿色表现树木，以细腻的波纹线表现水流，是盛唐期文殊、普贤经变的佳作。

本窟看点

观无量寿经变（南北壁）
文殊变、普贤变，尤其是上方的山水部分（东壁两侧）

莫高窟 第148窟 盛唐 705-781

陇西李氏开凿大型涅槃窟

上 涅槃像（佛坛上）
下 涅槃经变部分（西壁）

第148窟位于莫高窟的南端，是一个大型涅槃窟。据洞窟前室南侧《唐宗子陇西李氏再修功德记》的记载，该窟于盛唐晚期的大历十一年（776），由陇西望族李太宾所建，后经中唐、五代和西夏各代重修。主室平面呈横长方形，窟顶为纵券顶。西壁通壁设横长佛坛，塑释迦牟尼涅槃像，为石胎泥塑像。涅槃像全长14.4米，头南脚北，枕右手累足而卧。塑像南、西、北三面塑举哀比丘、天人、圣众等尊像83身，遗憾的是均经清代重修。与之相关，佛坛上方自南向北画涅槃经变，经变各场景上方的墨书榜题保存完好，是解读经变内容的重要依据。南北壁分别开一方形小龛，小龛上方分别画弥勒经变和天请问经变。龛内塑像已失，据前室碑文记载，龛内原塑如意轮观音和不空羂索观音等密教尊像。东壁南侧画弥勒经变，北侧画药师经变。经变承袭了观经变※的表现形式，在中心经变的两侧，以竖长条的形式表现与经变相关的诸品。洞窟前室南北两侧，有中唐塑天王、力士、蹲狮及其部从。

本窟看点

涅槃像（佛坛上）
涅槃经变（西壁）

左 力士像（西龛外北侧）
右 菩萨与天王（西龛内南侧）

极具表现力的菩萨、天王、力士

第194窟开凿于盛唐晚期，为方形覆斗顶窟。窟室西壁开方形龛，塑一佛二比丘二菩萨二天王二力士像。主尊为倚坐※像，右手残左手伏左膝上，袈裟外红内绿，饰团花卷草纹。两比丘直立于莲台上，一叉手于腹部一合掌于胸前，造型和技法上均无惊人之举。与之相比二胁侍菩萨却属力作，南侧一身头作双环髻，面形丰圆，翠眉细眼，隆鼻朱唇且蓄绿色胡须。左臂上曲，右臂下垂，腰部略见内倾，小腹微有突起。衣裙※以绿色为基调，上饰小花及卷草纹，整体上给人以娴静而雅致的感觉。与之相对的北侧菩萨，头束高髻，上身半裸斜披天衣※，下身着裙。面部塑造与南侧菩萨虽无大差，却没有了娴雅，眉宇间流露出几分傲慢。天王像也是独具匠心的佳作，两身天王均穿乌靴，佩胸甲，裹战裙※。特别是南侧的天王，一手上举一手下伏，面部略带微笑但威武丝毫不减。龛外的力士像，头顶以带束髻，腰裹彩裙，赤足裸上身，肩胸腰腹的肌肉，塑造得既夸张又符合情理，给人以力拔千钧之感。整龛塑像以绿色为主基调，造型上亦不循规蹈矩。

本窟看点

菩萨像、天王像（西龛内两侧）
力士像（西龛外两侧）

莫高窟 **第112窟** 中唐 781-848

观无量寿经变部分　乐舞图（南壁）

花雨纷飞中的“反弹琵琶”

这是一个小型洞窟，窟室为方形覆斗顶窟，西壁开盝顶帐形龛※，内塑一佛、二比丘、二菩萨五尊像。中唐以后的莫高窟，经变画的种类有明显的增加，在一幅壁面上分别画多幅经变，有的洞窟竟达十几幅之多。南壁东起画观无量寿经变和金刚经变，北壁画药师经变和报恩经变。观无量寿经变中的乐舞图，平台上六身伎乐呈“八”字形分坐左右，右侧伎乐持琵琶、阮咸※、箜篌，左侧的持鸡娄鼓※、横笛和拍板※。在平台下方，另有四身菩萨两两相背，亦各持乐器演奏。在伎乐的中间，一伎乐合着音乐翩翩起舞。舞者屈身吸足举琵琶至颈后，左手上举右手弯曲作弹拨状，人们习惯地称之为“反弹琵琶”。在北壁的西侧画报恩经变，报恩经变是中唐以后出现的一个新的题材，除画面中心的如来说法外，分别在画面上下画《议论品》鹿母故事※和《亲近品》坚誓狮子王本生※诸品。又，该窟人物的肌肤银光闪烁，为五代重修时涂布的云母粉。

本窟看点

观无量寿经变之乐舞图
伎乐天“反弹琵琶”（南壁）
报恩经变中之鹿母故事（北壁）

涅槃像头部（佛坛上）

涅槃像——好似出游后的小憩

第158窟位于南大像北侧上层，据甬道北壁“大番（蕃）管内持钵僧宜”及北壁吐蕃赞普旁的藏文题记“大蕃赞普”（缺失，据伯希和1908年拍摄照片），知该窟开凿于中唐时代，又据该窟的塑像造型以及壁画风格，可推定开凿于中唐晚期。

窟内西壁设通壁佛坛，上置涅槃像一尊。涅槃像全长16米，头南脚北累足而卧。着波状发，曲眉直舒两鬓，两眼半开，两唇紧闭，鼻梁处略有修补。面部表情自然而安详，不像释迦已寿终正寝，好似出游之后的一次小憩。涅槃像南侧塑过去佛迦叶※立像，与之相对的北侧塑弥勒佛倚坐※像。表现了在释迦之前尚有迦叶佛等过去诸佛，而未来世则有弥勒佛下世济度众生。与南、北、西壁所画僧俗比丘赴涅槃会，天井的十方佛净土，共同表现了一个以释迦为中心的涅槃主题。

十大弟子举哀图画于洞窟南壁，在众比丘上方，画一老者持杖急行，表示迦叶在得知释迦涅槃后奔赴拘尸那城。众比丘举哀，着重刻画了以阿难※和迦叶为中心的十

本窟看点

涅槃像（佛坛上）
各国王子举哀图（北壁）
十大弟子举哀图（南壁）
涅槃像上方的菩萨群像及天龙八部（西壁）

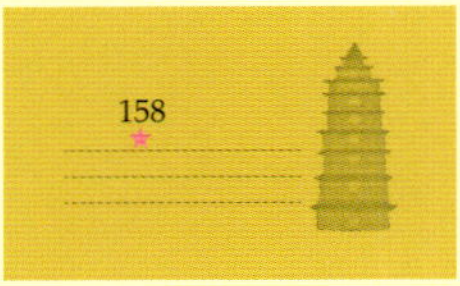

十大弟子举哀图（南壁西侧）

大弟子见释迦故去痛不欲生的情景。与之相对的北壁上方，画优婆离※升忉利天※，报知佛母摩耶夫人※释迦已涅槃。下画各国国王举哀图，佛足上方画吐蕃赞普（头部残）举哀，下画以汉族帝王为中心的各国国王赴涅槃会。其中汉族帝王身穿大袖裙襦※，旁有二女相侍。此外，那些袒胸露腹割鼻裂耳的各族国王，反映了西域各族自毁容颜以示哀伤的丧葬习俗。他们的服饰容颜，也是我们研究西域各民族相互交往的形象史料。

上 各国国王举哀图
（北壁西侧）
下 如意轮观音经变
（东壁门上）

侧面图

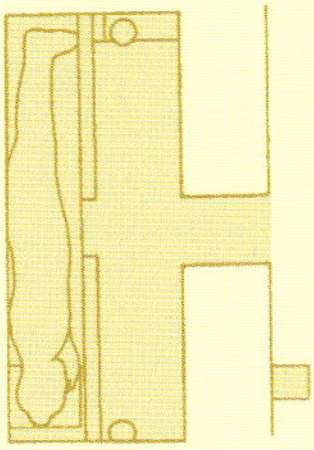
平面图

在佛坛下方的小壁上，中央画十方净土中的下方净土经变，南侧画纯陀的最后供养、密迹金刚※哀痛倒地和须跋陀罗※先佛入灭，北侧画末罗族以音乐、香花、歌谣供养释迦涅槃。此外，东壁门上画如意轮观音经变，如意轮观音初见于盛唐而盛于中、晚唐。图中的如意轮观音，一面六臂，头戴化佛冠※微微右倾，各手中分别持宝珠、念珠、莲花、法轮，惟右侧第一手作思惟相，左第一手按光明山。

【学者评说】

回望敦煌

敦煌研究院名誉院长 段文杰

自从1900年夏天，守窟道士打开莫高窟藏经洞※以后，沉寂了数百年的敦煌石窟又渐为人们所认知。但当时中国政府腐败，国力薄弱，无力保护敦煌文物，致使数万件珍贵资料和数十件壁画、彩塑被外国的掘宝者掠走，成为中国近代史上最令人伤心的一页。由于敦煌石窟艺术的无穷魅力和敦煌文献资料的多方面的价值，磁石般地吸引了众多中外学者和艺术家对敦煌文化的跟踪探寻与研究，一种新兴的学问——敦煌学便在世界范围内兴起。首先是中外学者对敦煌遗书的阐释和研究，然后是一批美术家亲临敦煌，实地考察、整理、研究、保护文化遗产，并在艰苦的条件下如实临摹了大量的敦煌壁画，通过展览向国内外人民介绍和传播敦煌艺术。然而在20世纪的前50年里，由于资料的封闭和出版条件的限制，敦煌学的研究多限于文献学领域，较少有敦煌石窟方面的研究问世。

1949年新中国的成立，中国政府加强了石窟保护和研究的力度。20世纪50年代前期，大量的敦煌壁画临本多次在国内外展出，使敦煌石窟艺术闻名于世，也使国内外敦煌学界加深了对敦煌文化的认识。令人庆幸的是，在十年动乱中，敦煌石窟完好无损。改革开放后，敦煌的保护和研究迎来了春天。政府支持，国内外友好人士援助，敦煌的保护工作在科学化现代化的道路上跨入了一个新阶段，成为世界上野外文化遗产保护得最好的地方之一。敦煌研究院成立，研究队伍扩大，大批画册和论文的出版、发表，多次国内外敦煌研讨会的召开，中国学者硕果累累，成就非凡，得到国内外学术界的肯定。

敦煌学回归故里，是一个必不可少的阶段。我们的目的仍然是要走向世界，但是少了这个阶段不行。我们要在坚实的基础上走向世界，才能在世界性的研究事业中发挥重要作用。

祝愿敦煌文物的保护、研究、弘扬，在21世纪取得更大的成就。

上 第158窟 涅槃像
下 第158窟 天井千佛

西龛全景

文殊、普贤变，一幅悠闲自得的出行图

第159窟是一个小型洞窟，南侧与第158窟比邻。石窟为方形覆斗顶窟，西壁开盝形顶*方龛，内塑一佛（已失）二比丘二菩萨二天王七尊像。洞窟的形制、大小以及塑像的体量、彩绘都与第194窟十分相似。二比丘的造型与通常的佛、比丘没有太大的区别，但在塑造技法上更注重了形体的表现，如弟子迦叶*，透过轻薄的袈裟和简单的衣纹线，可以看出人物腿部的轮廓。

西龛南北两侧画文殊、普贤经变。其中北侧的文殊，手持如意坐狮背上，一昆仑奴*手捧花盘，一昆仑奴驭狮前行。文殊两侧，有菩萨、天王侍卫左右。狮子下方，乐人持横笛、拍板*演奏，俨然是一幅悠闲自得的出行图。此外，东壁画维摩诘经变，南北壁分别画弥勒、观无量寿、法华以及天请问、药师、华严等经变。

本窟看点

菩萨像（西龛内南侧）
文殊变、普贤变（西龛外两侧）
维摩诘经变（东壁南侧）

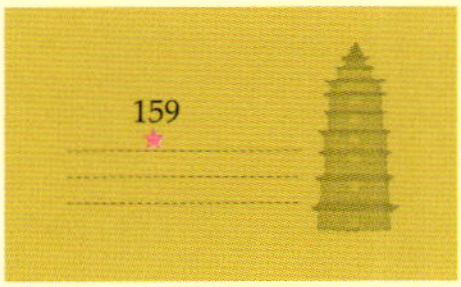

莫高窟　**第17窟**　晚唐 848-907

藏经洞——是谁、什么时候、为什么封闭?

第17窟是闻名中外的藏经洞※，光绪二十六年五月二十六日（1900年6月22日）由住在莫高窟下寺（即三清宫，今藏经洞陈列馆）的道士王圆箓发现。第17窟位于坐落在莫高窟南区北端的第16窟甬道北壁，窟室坐北向南，高约3米，平面约2.8米见方，覆斗顶。北壁设横长方坛，坛上塑高僧洪䛒像一尊。南侧面画衔花双鹿，西侧面画双履。北壁画双树，树上挂书囊和水瓶，树下画近侍女与比丘尼像各一身。近侍女着圆领长衫，腰束带，一手持杖一手托巾，比丘尼手执团扇。西壁嵌有大中五年（851）洪䛒告身敕牒碑，其余壁面未施彩绘。

洪䛒是活跃在中晚唐时期的一位高僧，张议潮收复河西后，曾遣比丘悟真等赴长安报信，被唐王朝敕封为京城内外临坛供奉大德兼河西释门都僧统摄沙州僧政法律三学教主，并赐紫衣。1965年10月，在对洪䛒像进行调查时，发现塑像背后内部有一个盛装舍利的布袋，由此推测该像为洪䛒的真容塑像。塑像高94cm × 74cm × 60cm，身覆田相袈裟※，神态庄重自然，眼角刻有鱼尾纹，鼻翼两侧塑法令线，两唇紧闭，两耳亦如常人。塑像为圆塑，在塑造技法上，不遵循佛教在塑造佛像时的相好※表现，因此推测该像是一尊肖像，大概是洪䛒圆寂前后由其弟子们制作。

关于藏经洞封闭的原因和时间，未留下确实可依的文字记载，学者们根据各种资料提出了许多假说。如避难说、废弃说以及书库改造说等等，其中最有影响的是伯希和※提出的为躲避西夏进攻的避难说。1908年，伯希和在对藏经洞大部分文书作了调查后发现，藏经洞内最晚的纪年文书为宋太平兴国（976–983）和至道（995–997）年间（现今发现的最晚的纪年文书为宋咸平5年，即公元1002年），而且窟内没有发现一件西夏文经卷，因此推定藏经洞的封闭与西夏进攻敦煌相关，时间在公元1035年之前。

洪䛒像头部（坛上）
次页
上 第17窟入口
下 北壁全景

本窟看点

洪䛒像（坛上）
侍女及比丘尼（北壁）
第16窟甬道北壁保存的积沙堆积的痕迹

017

莫高窟 **第156窟** 晚唐 848-907

张议潮出行图部分（南壁）

张议潮出行图与宋国夫人出行图

窟室由前后两室组成，主室为覆斗顶方形窟，西壁开盝顶方龛，龛内仅存如来倚坐※像一身，头、胸部及两手已残。龛顶画千手千眼观音经变，四披画如意轮、不空羂索等密教曼荼罗。前室前部已经塌毁，北壁保存有咸通六年（865）墨书《莫高窟记》一方，现字迹已完全不存，幸有早年的临摹品存世，是研究莫高窟创建史的珍贵资料。

该窟的经变画绘于四壁四顶及前室天井，数量有14幅之多，是经变画数量最多的洞窟之一。该窟开凿于咸通年间，是张议潮的功德窟，南北壁及东壁下方，在长8.20米，宽1.05米的区划内，画张议潮统军出行图和宋国河内郡夫人宋氏出行图。张议潮出行图共画人物114身，出行图的前方，以军乐和歌舞为先导，画五方旗、六纛※、门旌※、信幡※，以及执矟仪仗引马衙官。其后画张议潮及其子弟军，张议潮头戴幞头※，穿圆领红袍，骑马立桥头上。最后画面转向东壁，画射猎、驮运等。与之相对的北壁画宋国夫人出行图，描绘人物近240身，前方以歌舞百戏为先导，其中戴竿※者头顶长竿，上有四人嬉戏，其旁还有乐队和

本窟看点

张议潮出行图（南壁）
宋国夫人出行图（北壁）
莫高窟记（前室北壁）

宋国夫人出行图部分 乐舞图
（北壁）

伴舞。其后画车辇肩舆※和信者传书，辇舆后方是高居马上的张议潮夫人宋氏，最后在东壁北侧画驼队、射猎等场景。在两幅出行图的拐角处，有搭建炕灶留下的痕迹，窟室壁画也被严重熏毁，为1920年沙俄白军逃到敦煌时在窟内住宿、烧火做饭所致。

左 菩萨（佛坛北侧）
上 劳度叉斗圣变部分（西壁）

塑像——晚唐时代的代表作

覆斗顶方形窟，窟室中央设方坛，沿佛坛西缘有背屏※直达天井。坛上塑一佛二比丘二菩萨二天王像，其中南侧的菩萨、天王已失，阿难※的右臂、右腿也有大块的残损，为1920年地震时所毁。安置于佛坛南侧的千佛壁画，也是地震时从天井上坠落的。塑像均为圆塑，主尊结跏趺坐※在须弥座※上，虽两手已失，依现存状况判断，可知原来应该结施无畏印※和与愿印。两比丘袒右臂着裙，身形略显僵直。与之相反，佛坛北侧的菩萨却塑造得生动而自然，菩萨半跏坐莲台上，半裸的上身斜披天衣※，裹覆下身的衣裙自然地垂悬在莲座上。上半身塑造得硕壮而丰满，有较强的体积感，肌肤上略带光泽，给人以超凡脱俗之感。

西壁通壁画劳度叉※斗圣经变，各场景的表现与第9窟

上 劳度叉斗圣变部分
（西壁）

大同。佛教的代表舍利弗※高居莲台上，前方和下部画外道归依佛法。诸外道或仰面漱口，或以物净齿，还有一外道一手覆头一手遮眼，面带几分羞涩，与前方的两身外道开怀嬉笑。在相反的一侧，旋风袭来劳度叉面带惊色，下方的四女眷也被吹得抱头掩面。总之，画面的构图严谨，人物描写生动，是劳度叉斗圣变中的上乘之作。

本窟看点

劳度叉斗圣变，尤其是其中的外道（西壁）
半跏坐菩萨（佛坛上）

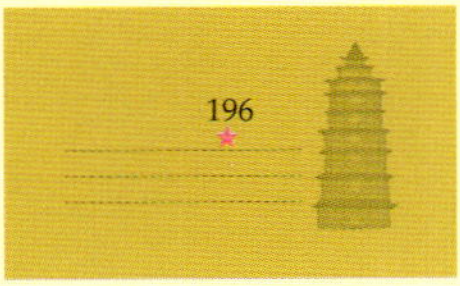

莫高窟 **第9窟** 晚唐 848-907

左 劳度叉斗圣变部分
舍利弗斗法（南壁）
右 女供养人（东壁北侧）

两军对垒的劳度叉斗圣变

后部中心柱前部覆斗形窟，中心柱正面开方形大龛，内塑清代重修塑像9身。据甬道南北壁供养人※题记，知该窟建于公元9世纪末年，为张氏家族及其子婿所建。前部天井中心画莲花藻井※，内饰人首鸟身的迦陵频伽※，周围画回纹、团花、菱形纹、卷草、帷幔※。东披画弥勒经变，其余三面画华严经变。天井整体上以绿色为基调，色彩清新淡雅。北壁画维摩诘经变，南壁画劳度叉※斗圣变。故事说舍利弗※与外道斗法，劳度叉变化为树、七宝池、山、龙、牛、夜叉鬼，而舍利弗却化作旋风、六牙白象、金刚力士、金翅鸟王、狮子、毗沙门天王，从而降伏了劳度叉。最后劳度叉及诸外道相继投降，剃发出家归依佛法。此外东壁南北两侧的供养人画像，供养人头戴花冠衣着华丽，或持花盘或合掌持莲，前方有僧尼引导，后方有仆从相随，遗憾的是人物面部已经漫漶，花冠上的金色也被剥去。

本窟看点

劳度叉斗圣变（南壁）

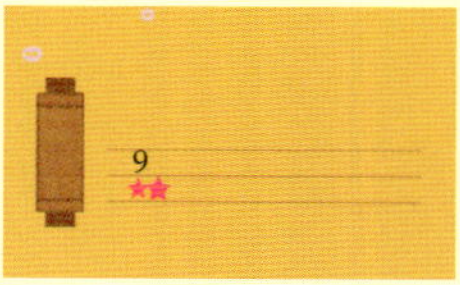

莫高窟

晚期窟

907-1368

五代·宋·西夏·元

五代至宋，出现了大型背屏式洞窟，
规模宏大的“五台山图”，动人心魄的“劳度叉斗圣变”
是这一时期的代表作。而塑像的表现却愈加形式化。
西夏时代，以红绿为底色，多画千篇一律的千佛画。
元代，密教的变化观音，线条遒劲而多变，
藏传密教窟，形象怪诞而畏怖，是晚期石窟的代表作。

第61窟主室全景

第61窟维摩诘经变（东壁北侧、南侧）

莫高窟

第98窟

五代 907-960

本窟看点

于阗国王供养像（东壁南侧）

四天王像（天井四角）

莫高窟最大的供养人——于阗国王供养像

覆斗顶方形窟，窟室中央设方坛，坛后部有背屏※连接窟顶。这种背屏式中心佛坛窟多开凿在洞窟下层，石窟规模宏大，以五代和宋代居多。洞窟平面呈方形，中央设佛坛，佛坛西缘有背屏直达窟顶。据甬道南北壁的供养人※题记，知该窟大致兴建于后唐同光年间（923–925），为当时的归义军节度使曹议金的功德窟。由于中心佛坛窟多处在石窟下层，窟内塑像损坏严重，现仅存清修结跏趺坐※佛一身，胁侍菩萨及弟子像全部不存。天井中心画团龙鹦鹉藻井※，四周画卷草纹、回纹等装饰纹样。四角上方的弧面龛内画四大天王，其中东南角的持国天和西北角的毗沙门天保存完好。各天王浓眉怒目戴冠着甲，率诸眷属俯视窟内。

南北壁画巨幅经变画，南壁西起画弥勒、阿弥陀、法华、报恩经变，北壁画天请问、药师、华严、思益梵天等经变。五代时期的敦煌，曹氏归义军政权为了保持敦煌的安宁，与回鹘和于阗缔结了姻戚关系，因此在东壁南侧绘制了高达2.82米的于阗国王李圣天供养像，是莫高窟最大的供养人像。李圣天头戴冕旒※，上饰北斗七星，身穿衮服，上绘日月、华虫、黼（斧形）、黻（两弓字相背形）等十二章（12种纹样），与汉族帝王的形象几无大差。在他的身后画回鹘公主，即李圣天夫人和曹氏家族供养像。

于阗国王供养像（东壁南侧）

莫高窟 # 第61窟 五代 907-960

五台山图部分（西壁）
次页
上 曹延禄姬供养像
（东壁北侧下部）
下左 五台山图部分 太原新
店（西壁）
下右 比丘供养像
（甬道南壁）

一幅古代的社会生活画——五台山图

第61窟为方形背屏※式覆斗顶窟。窟室中央方坛上的塑像已荡然不存，从残留在背屏上的狮子尾巴，以及古称“文殊堂”来看，主尊原应是骑狮文殊菩萨像。东、南、北三壁亦如第98窟画巨幅经变画，绘画的主题和形式也大致相同，惟西壁画巨幅五台山图不同。五台山图长13.45米，宽3.42米，以绘画形式立体地展现了山西省五台山至河北省镇州（今正定县）的山川、寺院、商贾、行旅，是研究我国古代历史、地理、佛教以及民俗文化的珍贵资料。

第61窟是曹元忠及其夫人翟氏的功德窟，曹氏一族笃信佛教，除僧尼以外还组织造像、绘画的专门人才成立了画院。东壁的南北两侧画有曹氏家族的女供养人※49身，其中多数为宋代重修，惟北侧的四身为五代的原作。供养人头戴凤冠，饰花钗※步摇※，面饰花钿，着回鹘装或汉装，托花盘或香炉，表现了曹氏家族的华奢和对佛教的虔诚。此外，西夏时期重修甬道两壁时，于南北两壁画炽盛光佛九曜图和黄道十二宫，人物榜题用西夏和汉文双语书写。

本窟看点
五台山图（西壁）
女供养人像（东壁北侧）
炽盛光佛九曜图（甬道南壁）

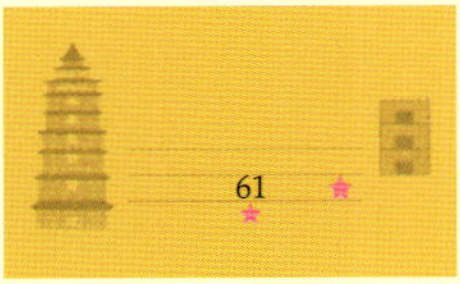

太原新店

【敦煌石窟小知识】

五台山

"五台山图"榜题位置图(部分)
1 大佛光之寺
2 三泉兰若
3 □□(游台)道人
4 □(花)严兰若
5 大夏岭
6 五色光现
7 宝树兰若
8 大华严之寺
9 天寿之寺
10 清凉□□□□(人)瑞经论藏
11 弘化之寺
12 佛陀波利见文殊化老人身问西国之梵※
13 大法华之寺
14 玉花之寺
15 阿育王瑞现塔
16 ▭(顺圣之殿)
17 功德天女※现
18 白□(鹿)泉兰若
19 兴教之塔
20 徘徊兰若
21 阿□□(耨达)池
22 宝殿之寺
23 夫妻舍身殿
24 白鹤现
25 东台之顶
26 金钟现
27 中天之阁

五台山又名清凉山，在今山西省五台县境内，据传是文殊菩萨的道场。包括中台在内，东、西、南、北五台危耸状若台地，周回200余里。据传汉时天竺僧建大孚灵鹫寺，北魏时，五台山亦兴建了许多寺院。隋唐以后，佛事更盛，唐代有大佛光寺、华严寺、清凉寺和竹林寺等名寺。

唐高宗时，遣沙门会颐到五台山检验佛迹，会颐并创制五台山图，在长安一带流行。长庆四年（824）吐蕃遣使赴长安求五台山图。开成三年（838）日本天台宗高僧圆仁留学中国，历访长安、扬州等地，习得梵、汉两语，并书写绘制了大量的写经和曼荼罗。大中元年（847），圆仁携五台山及长安得到的佛经、传记570部，合计794卷归国，其中也包括五台山图。归国后著书《入唐求法巡礼记》，为研究我国唐代佛教，特别是五台山佛教信仰的重要资料。

在莫高窟，五台山图见于中唐时代的第159、222、237、361窟、晚唐时代的第9窟和五代的第61窟六个洞窟，除了第61窟外其余的均以屏风画的形式来表现。惟第61窟的五台山图是内容丰富、规模宏大的通壁巨制，是研究我国古代佛教、政治、地理、交通、民俗最重要的资料之一。

莫高窟 **第55窟** 宋 960-1036

窟室内景

弥勒三会造像与四壁、天井的大型净土变相

第55窟的窟形与第98窟相同，也是背屏※式中心佛坛窟。佛坛南、西、北三面塑倚坐※佛像各一身，并侍弟子或菩萨，很明显主尊造像应该是弥勒三会说法※像。弥勒三会说的是，在释迦牟尼涅槃以后，弥勒菩萨当下生阎浮提※界作佛，于龙华树下三会说法济度众生。

洞窟的天井中心画双龙莲花，四周画回纹、联珠纹、卷草纹等装饰纹饰，天井四披画法华、弥勒、华严、楞伽等大型经变画，四角的弧面龛内画四大天王及众眷属。方坛中央塑一佛二比丘，南北两侧塑一佛二菩萨（其中北侧主尊的右胁侍已失），共同构成了弥勒三会说法像。南侧主尊座下塑承托佛座的金刚力士，力士铠甲严身，曲左腿踏莲台上，以右肩承托佛座，使人觉得生动自然妙趣横生。窟室四壁一如五代背屏式洞窟，在西壁画劳度叉※斗圣变，南北壁画大型经变画。在构图上沿袭了前代旧式，但绘画技法和人物的表现却远不如以前。

本窟看点

弥勒三会说法像（佛坛上）

千手千眼观音经变（北壁）

铁线描如屈铁盘丝，游丝描若行云流水

第3窟位于莫高窟南区北段，是一个小型覆斗顶方形窟。西壁开盝形顶※方龛，龛顶壁画多已漫漶。龛内正面存清修山石塑壁※和六臂观音（头欠）一身，山石旁画墨竹图。龛内外南北壁以及东壁两侧各画菩萨立像，菩萨面形长圆，身形修长，或花冠覆巾，或袈裟着裙。曲眉细眼，直鼻小唇以及流肩的形体表现，呈现出典型的女性特征。

南北壁各画千手千眼观音经变一幅，以北壁为例，巨大的圆轮中央画观音菩萨立像，观音头着高髻，慈眉善目。身旁一周画四十正大手※，其中二手于头顶捧举化佛。外围一周画千手，每只手掌中各画一眼，表示观音菩萨在芸芸众生面前可千眼遥观，千手接应。观音头部分作三层描绘，上层作佛面，第2层画以暴恶面为中心画七面，下层为本面和左右两肋面。画面左右上方画飞天，飞天眉清目秀宛若孩童，舞动着天衣※凌空飞舞。飞天下方画功德天女※和婆薮仙，功德天衣染红白两色，婆薮仙则以绿色为主。最下方画明王像，各须发倒竖，手持法器，横眉怒目，令人生畏。从整体上看，观音的手臂密集而不杂乱，衣带

上 千手千眼观音经变部分
婆薮仙（北壁东侧）
下左 千手千眼观音经变部分
功德天女（北壁西侧）
下右 千手千眼观音经变部分
明王（北壁西侧）

繁缛而有条理，构图上体现了简洁严整的特点。用色不多，仅使用了红、白、绿、黄几种简单的颜色，给人以庄严肃穆的感觉。相反，却最大限度地运用了线条这一造型手段，画师根据对象物的不同，巧妙地运用了折芦描※、铁线描※、游丝描※、钉头鼠尾描※等多种描法，成功地表现了莫高窟晚期壁画中最闪光的一个亮点。

本窟看点

千手千眼观音经变（南北壁）
明王的须发（北壁）

上 阿閦佛及其眷属（东顶）
下 大日如来（天井中央）

莫高窟惟一的藏密洞窟

第465窟位于莫高窟北区最北端，由前后室组成，前室覆斗形天井，四壁壁画大部已失，仅隐约可见佛塔壁画及游人胡写乱画的题记，现仍可辩识的有至大（1308–1311）、元统（1333–1334）和至正（1341–1367）题记多则。1908年2月伯希和※到访敦煌时曾进行过详细的调查记录，并从该窟和第464窟中窃走藏经洞※（第17窟）封闭以后的经卷数百卷，其中还包括相当数量的回鹘语写本。

主室也呈覆斗形顶，窟室中央设圆形5级佛坛(现存4层)，塑像已不存，四壁画无上瑜伽※系守护尊和护法尊，其中东、南、北三壁及天井保存较好，惟西壁剥落严重图像已无法辩识。

主室天井中心画大日如来，头向东方（门口），偏袒右肩※作智拳印※。东面阿閦如来，肌肤青色，偏袒右肩作触地印，结跏趺坐※于象座上。南面宝生如来，肌肤呈现褐

本窟看点

曼荼罗（天井）
藏密曼荼罗（东、南、北壁）

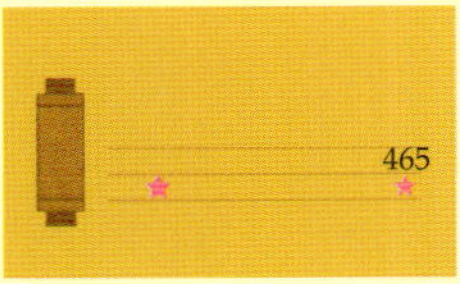

大乐金刚（南壁）

色，右手掌心向外置右膝旁作印，左手置腹前，结跏趺坐※于迦楼罗座上。西面无量寿如来，肌肤红色，偏袒右肩※，两手于腹前作禅定※印，结跏趺坐于孔雀座上。北面不空成就如来，肌肤绿色，偏袒右肩，右手上举左手于腹前持钵，结跏趺坐于马座上。四如来的方位与自然方位相合，意指四如来各居东南西北四方世界，有众眷属围绕，从而构成了一个多彩的曼荼罗世界。四壁画大幻金刚、金刚牝豚、大悲空智金刚、怖畏金刚等忿怒尊像，或多面多臂，或男女相拥，并于各曼荼罗下方画84成就者尊像，给人以望而生畏的感觉。根据窟内的壁画内容和游人题记，第465窟大致开凿在元代晚期，但是，就壁画的内容和题材而言，是研究藏传密教的不可多得的珍贵资料。

榆林窟·西千佛洞

榆林窟现存最早的洞窟始自唐代，
中唐的第25窟壁画，构图严整，线条流畅而舒展，
可与莫高窟的壁画相媲美。西夏与元代，密教曼荼罗神秘而怪异。
源自祁连山的党河，冲刷出西千佛洞的断崖，
在那里保存有敦煌最早的“劳度叉斗圣变”和“睒子本生”。

弥勒经变（北壁）

吐蕃时代的代表作——阿弥陀与弥勒经变

第25窟位于榆林窟东崖二层，由前后室组成，主室覆斗顶已经塌毁，方坛上的塑像仅存清修如来一身。窟室坐东向西，南北壁画阿弥陀净土变和弥勒净土经变。弥勒变的主尊弥勒佛，在山水树木的掩映下于龙华树下三会说法※，两旁有众菩萨及天龙八部围绕。画面下方画蠰佉王并诸大臣、王子竞相出家，两侧画女人五百岁行嫁和老者自诣墓间。其中彩绘的墓室，着花钿的女子，以及身穿左衽吐蕃装给来宾作礼的场景，都是我们了解吐蕃时代敦煌社会风俗史的形象资料。阿弥陀净土变场面宏大，巨大的佛殿下，阿弥陀佛端坐在画面中央，两侧有观音和大势至以及众菩萨围绕。画面上方有伎乐天飞舞散花，下方的雕栏水榭间有迦陵频伽※歌唱，一派歌舞升平的景象。

东壁画毗庐遮那与八大菩萨曼荼罗，中央卢舍那佛头戴宝冠，作禅定※印结跏趺坐※于狮子座上。左侧画虚空藏、地藏、弥勒、文殊四菩萨，各持剑、宝珠、莲花等宝器，遗憾的是，画面右侧四身已经残毁。窟室西壁两侧画文殊、普

本窟看点

弥勒经变（北壁）
阿弥陀经变（南壁）
八大菩萨曼荼罗（东壁）
文殊变、普贤变（西壁两侧）

上左 弥勒经变部分
嫁娶图（北壁）
上中 弥勒经变部分
菩萨（北壁）
上右 文殊经变中之文殊菩萨
（西壁北侧）
中 弥勒经变部分
老人入墓（北壁）
下 狮子与昆仑奴
（西壁北侧）

贤经变，文殊手持如意，普贤以手作印，骑乘在狮象背上。二菩萨的侍众各有三人，持宝幢※随菩萨徐徐前行，下方有驭手昆仑奴※。从整体上讲，第25窟壁画的构图严整，人物布局疏密有致，色彩厚重而和谐，是包括莫高窟壁画在内的上乘之作。

左 释迦说法图（南壁西侧）
右 释迦说法图部分
(南壁西侧)

水月观音经变中的玄奘取经图

第2窟坐落在东崖下层，坐东向西，覆斗顶方形窟。窟内中央设佛坛，塑清代重修文殊菩萨像及其眷属像七身。这些塑像虽经后代重修，但整体保存尚好，在基本不见有明、清两代塑像的敦煌是十分珍贵的。正壁中央画文殊菩萨及释迦涅槃、观音救济诸难，两侧及南北壁画释迦说法图八幅。说法图的构图大体相同，主尊释迦均右手上举，左手或置腹前或伏膝上，偏袒右肩*坐须弥座*上。两侧左胁侍文殊手持如意，右胁侍普贤手执梵筴*，周围有阿难*、迦叶*等十大弟子、四大天王众眷属围绕。与敦煌莫高窟说法图不同的是，还有头戴幞头身穿长袍的俗装人物夹杂其间。

东壁南北两侧各画水月观音，在巨大的月轮映衬下，观音头戴花冠，发披两肩，一手拄地一手于膝上持念珠，两腿一屈一盘坐山石上。石旁泉流莹映，空中云飘雾绕，其前有水瓶柳枝。在画面的左下角，还有一人双手合掌在遥礼观音。东壁北侧的水月观音，水流对面画的是玄奘取经图。玄奘身披袈裟双手合掌正遥礼观音，身后是猴脸的孙悟空和白马（已变色）。据玄奘记载，在赴西天途中，每当

本窟看点

水月观音（西壁两侧）
释迦说法图（南北壁）

上 水月观音图（西壁南侧）
下 水月观音图部分
玄奘取经图（西壁北侧）

人困马乏不复能进之时，玄奘便卧沙中默念观音。加上玄奘赴西之时又取道安西，所以说玄奘取经图的出现在水月观音中绝非偶然，应该和玄奘西行取道安西以及途中勤礼观音相关。

【敦煌石窟小知识】

榆林窟的西夏壁画

宋景祐三年（1036），西夏王李元昊率兵击败沙州回鹘，夺取瓜、沙二州，从此敦煌和安西进入了长达一百九十余年的西夏统治时期。西夏的出现和它的文字一样，好似在一天早上突然地出现在我们的眼前，有关西夏的传说和记事都有着几分神秘感。

西夏各朝各代的君王都热信佛教，有的君王还通晓汉文和西夏文两种文字。他们曾六次向宋朝迎请《大藏经》，在朝廷，还设有专门的佛事机构僧众功德司、出家功德司、护法功德司，并迎请西藏的噶举派密教，一时间"东土名流，西天达士"，云集西夏。

西夏的莫高窟，重修了七十多个洞窟却很少新建，与其相比，榆林窟除了重修前代洞窟外，还新建了四个西夏洞窟，保留有汉文与西夏文双语书写的题记五则，即第16窟的天赐礼盛国庆五年（1073）、第25窟的雍宁元年（1114）、人庆二年（1145）、第17窟的正德元年（1128）和第19窟的乾祐二十四年（1193）题记。

榆林窟的第3窟是一个汉藏两密并举的洞窟，窟顶画五方曼荼罗，南北壁的胎藏界与金刚界曼荼罗属藏密系统，而51面观音和11面观音却属汉密系统，表现了以藏密为主以汉密为辅的造窟特征。在壁画题材上，西夏除了承袭前代流行的种种经变画以外，似更酷爱水月观音，现存的第2、3、29窟都画有水月观音。用色赋彩多用蓝、绿色作地，兼用红色、金彩。

第29窟的供养人※画像，人物面相具西夏人特征，服装衣饰亦与西夏相契，并杂有汉装。男供养人头戴云镂冠，身穿圆领窄袖长袍，腰间系护髀，束带，穿乌皮靴。女供养人则头戴花钗※冠，穿右衽窄袖绣花袍，内着裙，穿圆口尖钩鞋。铭文中还记有"国师"、"监军司"、"内宿御史"等官职，其中的国师是西夏国王授予的最高职称，说明了该窟的开凿是驻守瓜、沙二州的高官显贵。

上　开凿于榆林河两岸的榆林窟
下　普贤菩萨（榆林窟第3窟——谢成水《敦煌壁画线描集》，甘肃人民美术出版社）

左上 金刚界曼荼罗（北壁东侧）
右 胎藏界曼荼罗（南壁西侧）
左下 普贤变（西壁南侧）

金刚界与胎藏界曼荼罗

穹隆顶方形窟，窟室中央设佛坛，坛上塑像为清代重修。窟顶画金刚界曼荼罗，主尊为毗卢遮那，四面画阿閦、阿弥陀、宝生、不空成就四佛，圆轮外画菩萨及忿怒尊、法轮、对鹿、幢幡等。

窟室东、南、北三面各画三幅曼荼罗或净土变。东壁北侧画千手千眼观音曼荼罗，其中以南面的51头观音曼荼罗最具特色。在一个椭圆形的画面内，观音菩萨51面分9层垒作塔形，四十大手分别持各种宝物，而宝物的表现却不同于其他的千手观音，以花树、农具、生产场景来表现。其中有犁、锄、镰、斧等生产工具，也有舂米、打铁、酿酒、耕作等生产场景，是我们研究西夏时期社会生活的重要资料。南北壁西侧画胎藏界曼荼罗和金刚界曼荼罗。这两幅曼荼罗属于正纯密教的绘画，不仅在敦煌，就是在我国的佛教绘画中，像这样严格按照密教仪轨绘制，而且保

本窟看点

胎藏界曼荼罗（南壁）
金刚界曼荼罗（北壁）
千手千眼观音曼荼罗（东壁）
文殊变、普贤变（西壁两侧）

存完整的两界曼荼罗还不多见。窟室西壁两侧画文殊、普贤经变，经变场面宏大气势非凡。画面上方，云雾山峰间宫殿楼阁鳞次栉比，下方是浩淼无边的海水，文殊、普贤二菩萨骑狮坐象居海中央。再下方画菩萨的众眷属，人物布局或聚或散，形象描绘不拘一格。在文殊经变的左侧，也画玄奘取经图。玄奘作礼，悟空合掌，身后的白马上，包裹着的经卷熠熠放光，示玄奘已取经归来。像这样的玄奘取经图还见于第2、29以及东千佛洞※的第2窟。

左上 千手千眼（51面）观音曼荼罗（东壁南侧）
下左 千手千眼观音曼荼罗部分 耕作图（东壁南侧）
下中 千手千眼观音曼荼罗部分 行商图（东壁南侧）
右上 普贤变部分 山水图（西壁南侧）
右中 供养菩萨（南壁东侧）
右下 明王（南壁西侧）

左 灵鹫山说法图
（北壁东侧）
右 灵鹫山说法图部分菩萨像
（北壁东侧）

神秘的藏密诸尊

覆斗顶方形窟，窟顶壁画大部分已毁，仅存十方佛中的三身。窟室中央置方形佛坛，塑毗卢遮那与四方佛和四明王像。南北壁中央各画曼荼罗一幅，左侧画说法图，右侧画绿度母※和白度母※曼荼罗。绿度母头戴花冠周身绿色，着胸饰、臂钏※等璎珞※佩饰，自身后至两肩处画两枝莲花，两腿一屈一盘半跏趺坐在宝座上。在主尊两侧，六身和主尊相同的菩萨分坐左右。下方中央画一龙缠绕莲茎，两侧花丛中二明王一白一青分立左右。像这样的度母像属于藏密佛教，用色以绿、青、红、白色为主，大胆而热烈。山石树木已完全图案化，具有很强的装饰意味。特别是说法图中的如来，肉髻※作三角形，头部上宽下圆，两肩作流肩式，已呈现出典型的藏密系统佛教的特征。与元代的莫高窟相比，榆林窟好似更盛行藏密系统的佛教。

本窟看点

绿度母、白度母（南北壁）

睒子本生与劳度叉斗圣变

中心柱窟，该窟坐北向南。石窟初创于北周时代，经隋、唐、回鹘各代重修。中心柱南面开圆拱龛※，存民国时期重修塑像三身，其余三面不开龛，分别在北周、盛唐和回鹘期画说法图及千佛列像。窟室东壁前部人字披※下存北周如来立像一身，虽然两臂有些残损，但扁平的肉髻※，丰圆的面部表现，以及宽厚的肩部塑造，都和莫高窟北周期的塑像一脉相承。惜两胁侍和对面的塑像都已不存。

南壁两侧画劳度叉※斗圣变和睒子本生故事，画面分上下两段，自内向外以连环画的形式展开。南壁西侧画睒子本生故事，故事说睒子携盲父母入山，每日采果汲水供养父母。一日国王狩猎，误中正在汲水的睒子。盲父母由国王牵引到睒子处，手抚睒子悲痛欲绝。后天神施药救得睒子，盲父母亦重见光明。画面构图严谨，各场景间相互关联，残存的榜题是研究本生故事发生和发展的好资料。

在莫高窟，劳度叉斗圣变最早见于初唐的第335窟，而盛于晚唐、五代。虽然壁画多处残损，而且还有烟熏的痕迹，但是在同类壁画中，是包括莫高窟在内的最早的作品。

上 睒子本生图部分
（南壁西侧）
下 劳度叉斗圣变部分
（南北东侧）

本窟看点

佛立像（东壁人字披下方）
睒子本生图（南壁西侧）
劳度叉斗圣变（南北东侧）

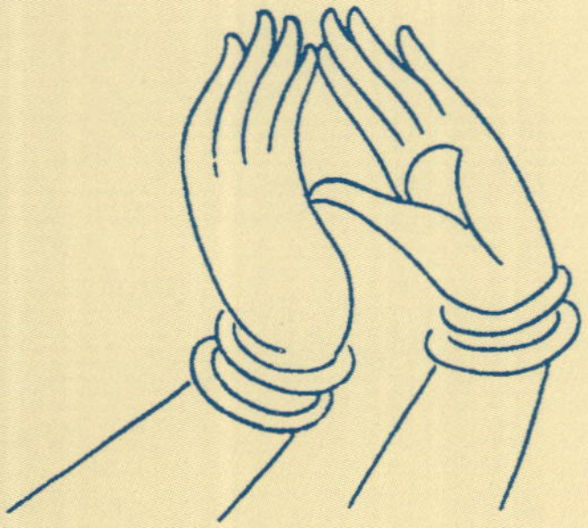

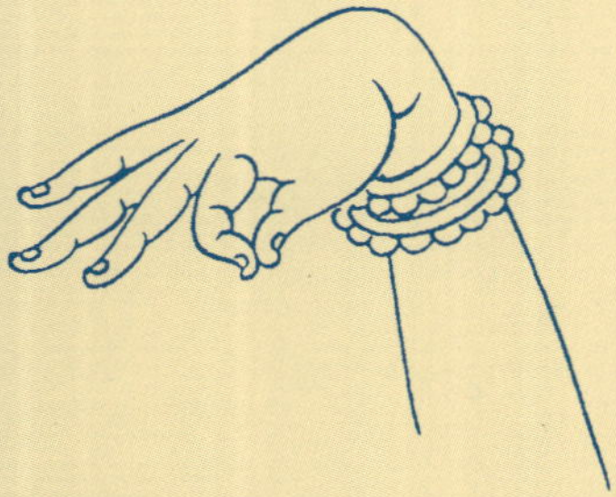

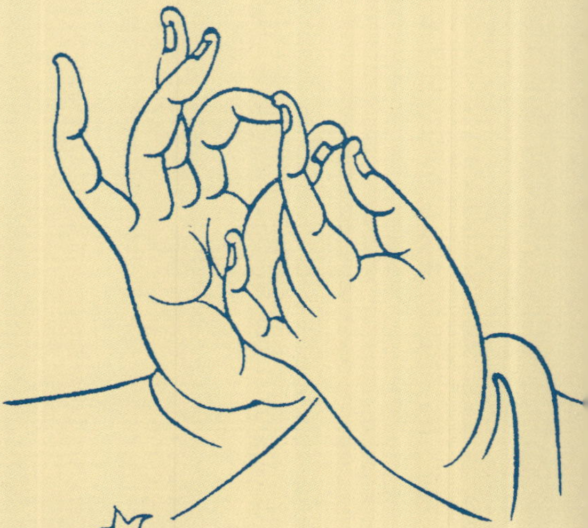

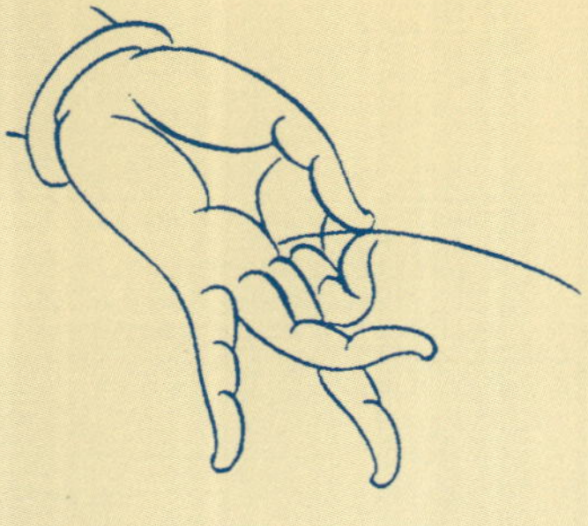

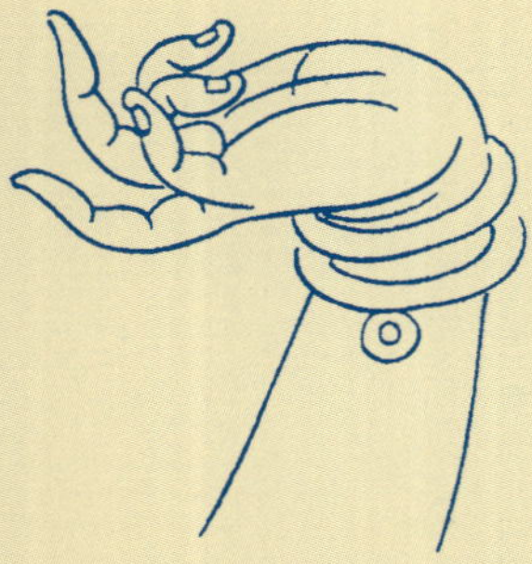

敦煌壁画解说

刘永增

敦煌石窟是建筑、雕塑、壁画三位一体的综合性佛教艺术，除了开凿在崖面上的洞窟和数以千计的塑像外，还有规模宏大色彩艳丽的壁画。敦煌壁画主要包括尊像画、故事画、传统的神话题材、经变画、佛教史迹画、供养人画像和装饰图案画七个门类。

在壁画中，故事画是指以佛经为依据，又独立于尊像画、经变画之外具有某种故事情节的壁画，据统计有54种161幅。在内容上可分佛传故事、本生故事和因缘故事三大类，表现形式上有单幅、连环画及屏风画三种。

佛传故事画是描写释迦牟尼生平事迹的绘画，有的是以释迦事迹中的某个具体内容为情节，如出游四门（第275窟）、乘象入胎、夜半逾城（第431、57、329等10窟）、降魔变（第254、263、428等7窟），以及涅槃变（除塑像以外的涅槃变有第428、280、427等11窟）等。有的则是描写释迦从降生到涅槃的整个一生。如第290窟的佛传图，描写了从摩耶夫人梦感受胎到释迦树下成道等八十多个场景，第61窟的屏风画，不但描写了释迦的生平事迹，而且还增加了释迦前生为降怨王、为云童子时的前生故事，以及涅槃后的八王分舍利、起塔供养等情景，是中国现存最早和保存最完整的释迦生平故事画。

本生故事说的是释迦前生或若干世之前，以种种善行救助众生的故事。这类故事不但数量多而且内容丰富有趣，在敦煌，有13种分别见于以下31个洞窟中。

毗楞竭梨王本生（第275、302窟） 有婆罗门名劳度叉称，有愿以千钉钉己身者当为之说法。毗楞竭梨王为求妙法，愿以千钉钉己肉身。

虔阇尼婆梨王本生（第275、302窟） 虔阇尼婆梨王为求妙法招告天下，时劳度叉称，如王能于身上剜燃千灯供养，当为之说法。王欣然应允，任劳度叉在己身上剜燃千灯。

快目王本生（第275、302窟） 快目王乐善好施恩慈广被。一日，有盲婆罗门来乞王之双目，王为求无上一切智眼，令剜己眼施婆罗门。

婆罗门施身闻偈本生（第285、302、9窟） 婆罗门为闻半偈经文，宁以热血身肉施罗刹鬼。

须阇提本生（第296、146、98等4窟） 大臣罗睺欲害国王善住，王备七日食粮携妻、子逾城逃走。途中误入十四日程，粮食耗尽，太子须阇提割己身肉供养双亲。后帝释天为试其志，变狮子虎狼向其乞肉，太子仍决然施与。

善事太子本生（第296、237、98等6窟）婆罗奈国王生有二子，一名善事一名恶事。因善事常行布施国库殆尽，议与恶事共同入海求珠。善事求得宝珠，而恶事心生恶念，坏其双目夺宝珠回国。后善事得牛王相救，流落他国以弹琴乞食为生。并与梨师跋国王女结为夫妻，双目亦得以复明。

独角仙人本生（第428窟） 有仙人头长一角，双足似鹿，一日，仙人发咒语令天不雨，国王闻之，募贤欲破其术。扇陀应募，率五百美女并带淫药入山，使独角仙人失去神通，降大雨七昼夜。

尸毗王本生（第275、254、302等5窟）。

月光王本生（第275、302、98窟）。

萨埵太子本生（第254、428、158等19窟24例）

鹿王本生（第257窟）

睒子本生（西千佛洞第12窟、莫高窟第461、302等7窟）

须大拏本生（第428、294、419等6窟）

因缘故事，有的学者也称其为譬喻故事，是说释迦成佛后教化众生的故事。主要出现在早期石窟和晚期的第85窟中，表现形式也是单幅画和连环画两类。

难陀出家缘（第254窟） 难陀，释迦袍弟，出家后仍迷恋世俗，窃自回家与妻相会。释迦以神通力，携难陀上至天宫，观众宝庄严，下赴地狱，见诸般苦痛，使其断念红尘。

沙弥受戒自杀缘（第257、285、98窟） 一沙弥其师外出，蒙师教诲自行乞食。沙弥往优婆塞家，适逢优婆塞外出，其女独自在家。女见沙弥一见倾心。沙弥宁舍生命不舍戒律，后刎颈自尽。

须摩提女因缘（第257） 须摩提女笃信佛教，然夫家从信外道。公公满财闻佛颇具神威，要须摩提女请佛赴斋。释迦闻之，嘱众弟子各乘五百大釜、花树、青牛、孔雀、金翅鸟、龙、琉璃山、白皓、虎、狮、马、白象前往，最后释迦在弟子的簇拥下赴斋。

五百强盗成佛缘（第285、296窟）。

微妙比丘尼因缘（第296、85窟）。

除此之外，还有弊狗因缘、度恶牛缘、化跋提长者及姊因缘等因缘故事画。这些因缘故事或画在禅室之间，或缀于其他故事画的后面，是作为壁画的补白而画。

经变画又称变相，它有别于尊像画、故事画，是指依据一部或几部佛经绘制的主题鲜明首尾完整的大幅壁画。在莫高窟，最早的经变画见于北周第296窟的福田经变，由于北周仅此一例，因此可以说经变画肇始于隋代。隋代的经变画画幅尚小，在壁面上也不占据显要位置。如420窟的法华经变画于天井，维摩诘经变则画在西龛两侧的上方。到了唐代，经变画得到了长足的发展，第220窟的经变画，以一壁一画的形式，青绿色的色彩主调，表现了绚丽多彩令人神往的极乐世界。盛唐时代，大体上沿袭了初唐时代一壁一画的表现形式。中唐以后，由于经变画的种类有所增加，在同一壁面上同时描绘多幅经变画，经变画的表现已有了大致固定的程式，如阿弥陀与药师，法华与华严，以及密教的不空羂索与如意轮，千手千眼与十一面观音等大都两两相对。而且还在中唐后期，出现了思益梵天、天请问、楞伽经变等一些与禅宗相关的经变画，很可能与摩诃衍吐蕃宗论失败后再入敦煌弘扬禅宗的活动相关。晚唐五代，经变画在表现形式上更进一步地程式化。到了宋代，经变的种类虽然达到了26种之多，但是，无论是表现形式还是绘画技法都毫无新意可言。倒是在元代，第3窟的千手千眼观音经变，以耳目一新的线条造型，为莫高窟的晚期石窟画上了一个完美的休止符。

※请参见该窟解说

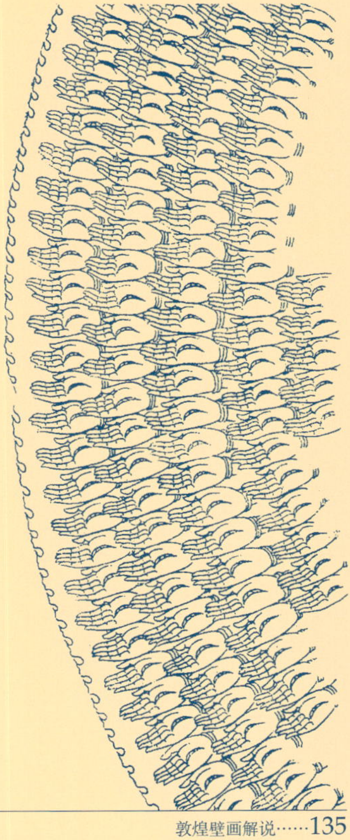

专用术语解释

A

阿难 释迦牟尼的十大弟子之一。

爱奥尼亚式柱头 希腊建筑中的装饰柱头，在莫高窟仅见于第268窟正壁佛龛。

凹凸法 又称天竺遗法，是用肉红色染人物的轮廓，以白色点染眼球、鼻翼等隆起部分，使画面产生立体效果的一种晕染法。

B

八相成道 指释迦一生最主要的八个故事。即从兜率天下、托胎、出生、出家、降魔、成道、转法轮、入涅槃。

白度母 藏密系统尊像画之一。

半臂 服于衫外的半袖上衣。

褒衣博带 指北魏晚期出现的衣着宽松的服饰，常与秀骨清像同时使用。在敦煌，第285窟东壁、北壁的菩萨像为最典型的作品。

宝雨经变 武周长寿二年（693）菩提流支译。

宝幢 竿柱高出，以种种丝帛庄严者为幢。

背屏 莫高窟晚唐、五代大型洞窟中，佛坛西沿直达天井的屏壁称背屏。

臂钏 菩萨装身具的一种，也称环钏，以金银珠宝螺钿等加工制作而成。在足曰鋜，在臂曰钏。

边饰 洞窟四角、天井四边以及龛沿、经变画之间起间隔作用的纹样。

炳灵寺 位于甘肃省永靖县西南约40公里，初创于十六国西秦时代，现存窟龛196个，其中第169窟的建弘元年（420）题记为我国石窟最早的造窟纪年。

伯希和（Paul Pelliot） 法国人，东洋学家。1906年曾到我国新疆发掘，后沿丝路北道进入敦煌。对莫高窟进行了洞窟编号、抄录题记、拍照等调查工作，同时还在王道士处骗购了大量的写经、绢画等文物，窃得敦煌木雕佛像多身。主要著作有《敦煌石窟图录》（全六册，1920–1924年）。

步摇 妇女头上的饰物。

C

藏经洞 敦煌研究院编号第17窟。

禅定 禅为梵语禅那之略，曰思惟修，曰静虑。定为梵语三昧之译，即心体寂静细心审虑，心止一境静念考物。

乘虎天人 请参见“乘龙天人”项。

乘龙天人 龙是中国传统的神兽，与乘虎天人同样，表示护从释迦降生或出家。

乘象入胎 指释迦化作白象从兜率天降临阎浮提，摩耶夫人感知受胎。此处亦指释迦的诞生。

出游四门 佛传故事之一，指释迦出东南西北四门，路遇老、病、死、僧的情节。

D

大衣 即袈裟，也称僧伽梨，是僧侣在正式场合下穿着的服装。

戴竿 我国古代百戏之一，主要出现在中唐至宋代期间。

忉利天 位于须弥山顶上之天，天人寿命千年，释迦生母摩耶夫人死后即升忉利天。

灯轮《药师经》中说，供养药师佛，当诵药师琉璃光王如来名号，燃灯四十九日，造像七躯。一一像前，各置七灯。一一灯量，大如车轮。

叠涩藻井 西方称之为“Laternendecke”，也称斗四或套斗藻井。是以90度相错搭建的木构天井，一般为2至3层，中心画倒悬的大型莲花。在佛教石窟里，浮塑于天井中心的叫叠涩藻井※，画于中心柱一周的叫平棋。较早的实物见于山东省沂南的后汉墓室。

钉头鼠尾描 绘画画法之一。落笔用力顿挫，笔疾且收笔时轻起，因落笔如顶而行笔似鼠尾故名。

东千佛洞 敦煌石窟群之一，位于甘肃省安西县桥子乡南30公里的峡谷两面，现存洞窟7个。其中以藏密系统的第2窟最为珍贵，是榆林窟西夏佛教艺术的分支。

兜率天（Tusita） 欲界六天第四，其内院为将来成佛的菩萨住处，释迦曾于此修行，现弥勒于此说法。

F

幡 为表示佛、菩萨之威德所作的庄严具，有丝绸、刺绣、金铜、玉石等各种材料，表现内容亦各不相同，一般为祈求家人平安、疾病痊愈而立。

梵筴 将多罗叶上书写的佛经，用木板挟两端以绳结之，其状如入箧箱，故云梵筴。

方格联珠纹 于方格内画圆形花饰，一周施以联珠纹，是受波斯影响的纹样之一。

佛教史迹画 包括与佛教相关的历史画、感通故事画、瑞像画、高僧事迹画以及佛教图经。

佛图澄（Buddhacinga） 西域名僧，善诵咒术，道法弥深。晋怀帝永嘉四年（310）来洛阳，现种种神异以弘大法。

幞头 又叫巾子、帕头、幅巾、折上巾，即以皂纱包裹头发，有长脚、软脚、硬脚和展脚多种。

复式方形龛 佛龛形式之一，平面

莫高窟 第328窟

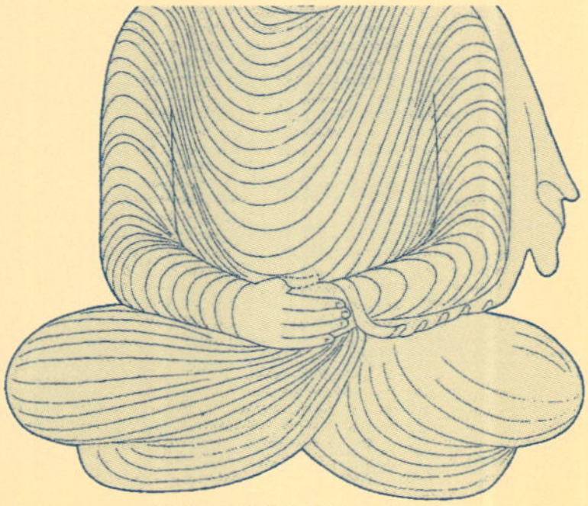

禅定印 莫高窟 第254窟

触地印（降魔印）莫高窟 第260窟

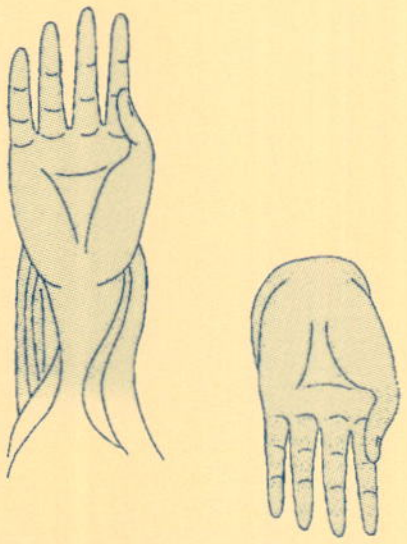

施无畏印、与愿印 莫高窟 第297窟

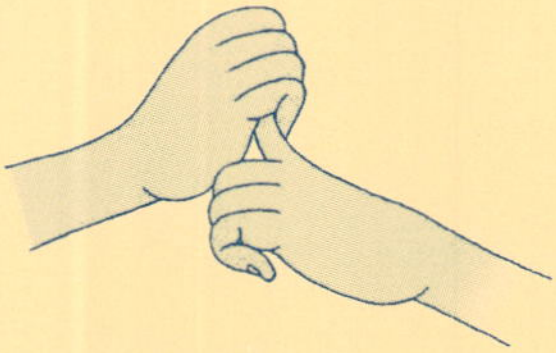

智拳印 莫高窟 第465窟 佛

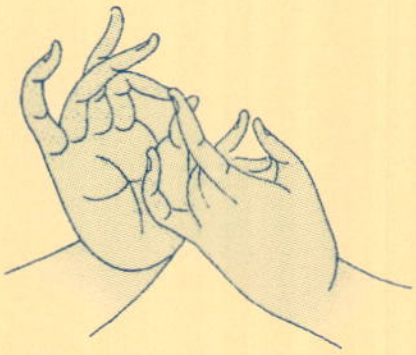

转法轮印※ 莫高窟 第103窟

呈“凹”字形，是在正壁中央先凿出较深的方龛，然后再向外扩开一层，从而形成内外两层。此种龛形多见于隋代和初唐。

覆斗顶 石窟窟形之一。平面大体作方形，正壁开龛，天井形如覆斗故名。

G

功德天女 即吉祥天女，常被画在变化观音的左右，与婆薮仙相对。

供养幡 藏经洞中曾发现有数百件幡，莫高窟第130窟的壁画底层中也发现了唐代的绢幡，这些都是当时的信众为祈求家人平安和疾病得以痊愈而供养的幡，第322窟天井下方的钩状物似应是挂幡所用。

供养人 出资开窟造像的人。

观经变《观无量寿经》经变的略称。

H

汉式阙形城门 装饰有阙楼的城门。

笏板 古代官吏所持手板，为防止遗忘，将随时想到的问题写在上面。

花钗 妇女头上的饰物。

花蔓 植物性装饰纹样。

化生 佛教认为，世界万物由胎生、卵生、湿生、化生四种形式出生，如极乐世界诸天依业力而生者为化生。

华尔纳（Langdon Warner，1881–1955） 美国人，东洋学家。1924年首次到敦煌，用粘接剂涂于壁画表面，剥离了莫高窟第335、321、329、323、320等窟壁画数十幅，并掠走第328窟西龛南侧供养菩萨一身。1925年曾赴安西榆林窟考察。

化佛冠 菩萨宝冠的一种，有坐、立两种形式。北魏以前多为弥勒，隋唐时以观音菩萨居多。

J

鸡娄鼓 腹圆，两面张皮，持肘肩之间，以另一手击打，常常和鼗鼓合用。

脊枋 也叫脊檩，指两披相交处的横梁。

迦陵频伽 又译作妙声、美音，据说是喜玛拉雅山中的美声鸟，在阿弥陀经变中常常被画成人头鸟身的形象。

迦叶 释迦牟尼的十大弟子之一。

坚誓狮子王本生 《大方便佛报恩经》〈亲近品〉中有关猎人为求官爵，伪装沙门猎杀狮子，而遭国王怒逐的故事。

肩舆 用肩抬的轿。

交领长裙 交领为衣领相交的上衣，长裙指长及脚面的下裳。请参见“裙”条。

交领长衫 衣领相交的无袖单衣。

结跏趺坐 印度之圆满安坐相，亦曰全跏坐，本跏坐，一切坐法之中此为最上。交结左右足背置于左右腿上谓结跏趺坐，置左右一足于左右一腿上为半跏趺坐。

羯磨杵 密教的法具之一，为十字形金刚杵。

金刚杵 古代印度的兵器之一，因其坚固无所不坏故名金刚。在佛教造像中，天王、力士均可持金刚杵，也是后期密教中最重要的法具之一，可破除烦恼，是菩提心的象征，有独钴、三钴和五钴几种。

金人 此处指从匈奴之地获得的金像。

鸠摩罗什（Kuma raka） 又名鸠摩罗伽、童子天。

九品往生 往生极乐世界的九个等级，即上上品、上中品、上下品、中上品、中中品、中下品、下上品、下中品、下下品。

K

龛楣 圆拱龛外上方的装饰，一般作桃形，画莲花、忍冬、火焰、伎乐及祥鸟等纹样。

窟檐 洞窟前依崖壁建造的木构外檐。莫高窟现存晚唐及宋代窟檐五座，即第196、427、444、431、437窟。

昆仑奴 文殊、普贤经变下方驭狮、象的人物。

L

劳度叉 外道中善知幻术咒法之人。

沥粉堆金 将熟石膏调和如泥，以带管皮囊挤压描绘图案或人物的璎珞佩饰为沥粉，待干燥后涂胶水于沥粉线上，再贴以金箔为堆金。在敦煌，这种工艺始自初唐，而盛于宋代、西夏。

莲华座 佛座的一种，座呈仰莲形。

灵鹫山说法图 灵鹫山又叫灵山、耆阇崛山，位于中印度摩揭陀国首府东北，释迦曾于此说法。

菱格狮凤联珠纹 在菱形的方格内描绘狮子、凤凰等祥禽瑞兽，一周施以联珠纹，是受波斯影响的纹样之一。

菱形莲花纹 于菱形的方格内画莲花纹。

六纛 纛，大旗，指分立左右的六旗，节度使出行时树六纛以示威严。

鹿母故事 《大方便佛报恩经》〈论议品〉中有关鹿母生千子的故事。

路祭 于路旁的一种祭祀活动。

盝形顶 洞窟或佛龛的形式之一，平顶，四面向上倾斜，多出现在中、晚唐时期的佛龛中。

螺髻 佛发的一种，与波状发不同，形似螺而右旋，整齐地排列在佛顶部。

络衣 又云掩腋衣、络腋衣等，僧侣内衣的一种。

绿度母 藏密系统尊像画之一。

M

门旌 门旌即门旗，立于军门之外，出行时随六纛之后。

密迹金刚 于佛左右护卫佛法的力士，一般上身赤裸持金刚杵。

摩尼宝珠（mani）摩尼为珠宝的总称。据说有免除灾难、澄清浊水、变化水色之德。

摩醯首罗天（Mahe ara）印度教三主神之一，曰湿婆天。在佛教曰大自在天，位于色界之顶，为三千界之主。

摩耶夫人 释迦牟尼的生母。

冕旒 皇帝头上戴的王冠。

P

拍板 打击乐器，以四至六片木板缀合一起，以手击打发声。

抛家髻 妇女发式的一种，其形为两鬓包面，发上缀饰物，唐、五代供养人中的世俗妇女多为这种发型。

毗诃罗窟 又叫禅窟，三种表现形式。其一，如第268、285窟，在窟室正壁开龛，左右两壁开方形小禅室，为僧人观像修行之用。其二，位于莫高窟北区，现存66个，均作单室，设禅床，面积在1至2平方米左右。其三为多室禅窟，由多个房室组成。

毗那夜伽 印度教神怪之一，象头人身。

偏袒右肩 古代印度的礼法之一，是将右臂从袈裟中袒露出的一种着衣法，也是释迦说法时最常见的一种服式。

婆罗门 印度四种姓之一，谓净行高贵舍弃恶法博学多闻者，主司祭祀。

Q

阙形龛 佛龛形式之一。阙原指宫殿、祠堂、陵墓神道两侧的建筑物。

裙 以布、绢等裹腰束带的下装为裙，有左掩和右掩两种，开口处位左者为左裾，于右者为右裾。

裙襦 下裙和上装。

R

人字披 亦称人字坡，指洞窟前部形似“人”字的天井，用浮雕的方法塑出脊枋、椽子，并彩绘椽间的望板。

忍冬纹 植物纹样之一。叶尖而细长，分三裂或四裂瓣。有单叶和双叶，花形多种多样，常常用于边饰的组合。

肉髻 如来的三十二相之一，佛像头上高出头顶的部分，亦曰顶骨相。

阮咸 又叫阮，弹拨类乐器，体圆，长颈四弦或五弦。

S

三钴杵 参见“金刚杵”条。但第285窟中的三钴杵与密教的三钴杵器形不同。

三会说法 弥勒菩萨于佛灭后56亿7千万年下生阎浮提，于龙华树下成佛三会说法，济度上、中、下根诸众。

三角垂幔纹 天井最外沿的三角形装饰纹样。

僧祇支 佛教的三衣之一，又名掩腋衣、覆肩衣，服于袈裟下面的一种内衣。

晒衣石 释迦于乌苌国行化时，龙王嗔怒行大豪雨，释迦僧伽梨表里通湿，于石上晒衣因此得名，据传玄奘西行时其石犹在。

舍利弗 释迦牟尼的十大弟子之一。

身光 亦称背光、光背等，指佛、菩萨身所发之光明，也有人将头光、背光通称为身光。

升仙者 道教认为，人老而不死谓之仙，人活着可以升天为仙，也可于死后升仙。

施无畏印 佛教的印相之一，右手扬掌至肩际，常常和与愿印同时使用。

十六观《观无量寿经》所说往生极

乐世界的十六种观法。

疏体 壁画风格之一。疏体的特征是，用笔不多，但笔笔周到。乍看似有缺落，笔不周但意周。

双林入灭 指释迦于娑罗树下般涅槃。

双树龛 龛上沿作树形装饰的一种龛形。

四十正大手 即千手千眼观音的四十大手。

松江沪渎口 松江，今名吴淞江。沪渎口，吴淞江近海水域为沪渎口，约相当于上海市西旧青浦一带。

塑壁 用浮塑的方法制作的有立体感的山水画。

T

饕餮 中国传统的怪兽之一，常装饰在金铜器物上。

天衣 天人之衣，其量至轻。为天王、菩萨等肩部、肘部披挂的带状物。

田相袈裟 又名田相衣，因衣相类似田畦而得名，在敦煌，着田相衣者多为佛与比丘。

铁线描 绘画画法之一，形容线描遒劲有力，似屈铁盘丝而得名。

通肩 又云通披。对于偏袒右肩，将袈裟通披两肩的着衣法为通肩。

头光 亦称项光、圆光等，原指从佛白毫中所放光明，泛指佛、菩萨等佛像背后象征光明的光环。

W

腕钏 于手腕处的环行装饰物，请参见“臂钏”条。

帷帽 始于隋，用皂纱缀于油帽毡笠一周，以障风尘，为远行之服。

帷幔 帐形龛口上方的装饰物。

未生怨 《观无量寿经》所说阿阇世王前生为道人、为兔，以及幽禁父王的故事。

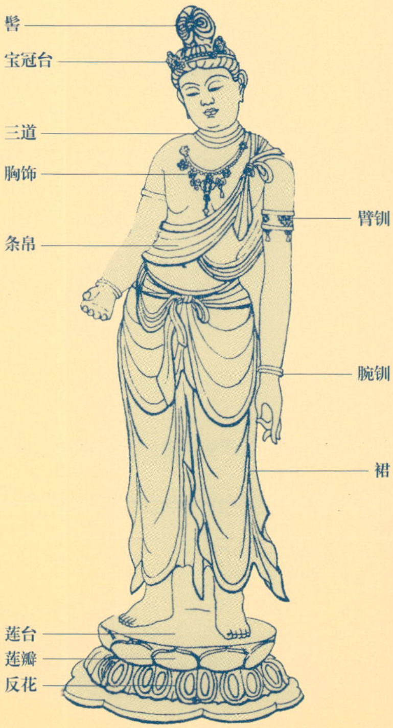

莫高窟第45窟 菩萨

无上瑜伽 后期密教流派之一，仅传于我国的西藏地区。因《金刚顶经》和《理趣经》系统被称之为瑜伽怛陀罗，无上瑜伽则更在其上故称无上瑜伽，主要包括父怛陀罗、母怛陀罗和不二怛陀罗三种。

吴郡 今苏州市。

X

相好 佛及转轮圣王所具有的瑞相，即三十二大人相和八十种好。

新样文殊图 1975年敦煌文物研究所在搬迁甬道时，于北壁发现壁画新样文殊，同时发现的还有同光三年（925）发愿文、翟奉达等七人供养像，以及南壁的翟奉达书检家谱。

信幡 随门旌后的为信幡，与六纛、门旌同为旌节的先导。

须跋陀罗 释迦的最后的弟子，于佛前入火界三昧。

须弥座 寺院及石窟内安置佛像的台座，有四角、八角、圆形等多种样式，象征须弥山。

Y

阎浮提（Jambu–dvipa） 位于须弥山之南的四大洲之一，泛指人间世界。

阎立本（？ –673） 雍州万年（今陕西省临潼县东北）人，唐代著名画家。父阎毗兄立德均善画，曾师张僧繇及父阎毗。现存作品有《历代帝王图》和《步辇图》。

杨都 今江苏省扬州市。

仰月冠 菩萨宝冠之一。冠台上作三面，因冠上有形似仰月的饰物故名仰月冠，由波斯王冠演变而来。

夜半逾城 指释迦于夜半率从者车匿，乘白马犍陟出家。

倚坐 将两腿垂于座前的一种坐法，在佛教上无明确的定义。

璎珞 菩萨的装身具、天盖以及净土世界树上的装饰物，以珍宝、金银等贵金属制作。

影塑 用黏土、细沙、麦秸和制成泥，填充于阴范内翻制，经日晒干燥后敷彩，然后黏附于墙壁上。表面凸起类似浮塑，在莫高窟主要用于佛、菩萨、千佛及璎珞佩饰等。

优婆离 释迦的十大弟子之一。

幽州灭火 关于佛图澄的神异故事之一，于数百里之外知幽州起火，并以酒化雨灭之。

游丝描 也称行云流水描，指线描纤细，如浮云似流水。

游戏座 佛、菩萨坐式的一种，即半跏趺坐。

圆拱龛 佛龛形式之一，龛上部作圆拱形，上方画龛楣装饰，两侧塑出龛柱，早期石窟中除了阙形龛外多作此形。

晕染法 绘画敷彩方法之一，在敦煌主要有西域传入的凹凸法和中原染法两种。

Z

藻井 彩绘天井。

战裙 天王及力士穿着的下装。

张大千（1899–1983）四川内江人，原名正权，后改名爰，别号大千。中国著名画家，1941–1944年间在敦煌莫高窟、西千佛洞和安西榆林窟临摹壁画，并对莫高窟洞窟进行过编号。先后在兰州、成都、重庆、上海等地举办过敦煌临摹壁画展。1948年移居香港，1983年于台北故去。

帐形龛 形似帐，为盝形顶龛的龛口装饰。

折芦描 绘画画法之一，因转折处急收急行，形似折芦而得名。

支提窟（Caitya） 又作支帝、脂帝、制多、制底等，或云塔，为积聚之义。现存最早的支提窟为印度阿旃陀石窟，上层作伏钵状，仅正面开龛造像。克孜尔石窟的支提窟已形似方柱。敦煌通常称之为中心柱窟，与窟室前部的人字披组合出现。

智拳印 佛教手印之一，竖左手食指于右手掌中，大日如来的结印。

麈尾 麈，鹿之大者为麈。以麈之尾制之，上圆下平，柄饰珍宝。维摩诘手中的持物为麈尾，似扇而非扇，亦与拂尘不同。

转法轮印 两手举至胸前，右手以掌，左手向内，各以一指相捻。阿弥陀佛常结此印。

敦煌莫高窟大事简表

前汉	元鼎六年（前111）	建敦煌郡（《汉书·武帝本纪》）。
东晋	永和九年（353）	一说莫高窟于永和九年癸丑岁创建（《沙州土境》）。
	升平十年（366）	乐僔创建莫高窟，法良于僔师龛侧造窟（李克让《重修莫高窟佛龛碑》，碑文年号为前秦建元二年）。
北凉	玄始九年（420）	沮渠蒙逊攻敦煌，西凉亡，敦煌归北凉（《资治通鉴》119）。
		炳灵寺建第169窟，北壁存西秦建弘元年造窟记。
	承玄三年～（430）	此间，建第275窟等北凉3窟。
北魏	太延五年（439）	北魏灭北凉（《十六国春秋·北凉录》）。
	太和十一年（487）	广阳王施刺绣佛像（第125、126窟前出土，《文物》1972–2）。
	孝昌元年（525）	元荣任瓜州刺史（《元苌华墓志》）。
西魏	建明元年－永熙二年（530–533）	元荣施写大量佛经（S.4528、4415、P.2143、4528等）敦煌信士阴安归、滑黑奴等绘制莫高窟第285窟北壁迦叶佛、无量寿佛（第285窟北壁题记）。
	大统四至五年（538–539）	
北周	天和年间（566～571）	建平公于义于莫高窟造窟，推定为第428窟（李克让《重修莫高窟佛龛碑》）。
	大成元年（579）	敦煌世族翟氏迁徙三危，镌龛造像（莫高窟第220窟甬道题记）。
隋	开皇四至五年（584–585）	第302、305窟（窟内发愿文）。
初唐	贞观16年（642）	第220窟（北壁及东壁门上题记）。
	垂拱二年（686）	第335窟（东壁发愿文）。
武周	如意元年（692）	西千佛洞第7窟（南壁题记）。
	延载二年（695）	禅师灵隐共居士阴祖等造大像，今第96窟（《莫高窟记》）。
		李克让立《重修莫高窟佛龛碑》，原在第332窟，现在陈列中心。
盛唐	圣历元年（698）	开元天宝年间，僧处谚与乡人马思忠等造南大像，即第130窟（《莫高窟记》）。
	开元十三年（725）	1965年，从该窟发现开元13年幡等数十件。
	大历十一年（776）	李大宾等造第148窟（《大唐陇西李府君修功德碑记》）。
中唐	建中二年（781）	沙州陷吐蕃（《元和郡县志》40、《新唐书·吐蕃传》等）。
	大中二年（848）	张议潮率众收复瓜、沙2州（S.3329《张氏修功德记》）。
晚唐	大中五年（851）	洪䛒任河西释门都僧统（第17窟《洪䛒告身碑》）。
		张议潮任河西11州节度使（《旧唐书·宣帝纪》等）。
	咸通二年（861）	此间，张议潮建第156窟。咸通元年《莫高窟记》，第156窟前室北壁。
	景福年间（893–894）	何法师造第196窟。曹议金任节度使（?–940，《旧五代史》32等）。
五代	同光二年（924）	此间造第98窟。
	后唐同光三年（925）	翟奉达重修第220窟甬道（甬道北壁发愿文）。
宋	建隆三年（962）前后	曹元忠造第55窟。
	开宝三年（970）	重修第427窟，造窟檐（窟内横梁为乾德8年）。
元	景祐三年（1036）	党项李元昊占领瓜、沙、肃（酒泉）3州（《西夏书事》12等）。
	至元八年（1271）	蒙古改国号为元（《元史·世祖纪》）。
	至正八年（1348）	莫高窟六字真言碑立，碑在陈列中心。
清	光绪二十六年（1900）	5月26日，王圆箓发现藏经洞。

图书在版编目（CIP）数据

敦煌鉴赏 / 樊锦诗编著：—南京：江苏凤凰美术出版社，2003.4（2024.8 重印）

ISBN 978-7-5344-1577-7

Ⅰ. 敦 ... Ⅱ. 樊 ... Ⅲ. ①敦煌石窟—壁画—鉴赏 ②敦煌石窟—雕塑—鉴赏 Ⅳ. ① K879.41 ② K879.3

中国版本图书馆 CIP 数据核字（2003）第 050539 号

［项目统筹］程继贤
［责任编辑］郭 渊 龚 婷
［图文改制］郭 渊
［责任校对］刘秋文
［责任监印］生 嫄
［责任设计编辑］陆鸿雁
［装帧设计］杉浦康平 · 佐籐笃司 · 副田和泉子

【敦煌鉴赏】

［编著］樊锦诗 · 刘永增（兼策划）
［摄影］孙志军
［原图制作］孙儒僩 · 郦伟堂
［白描 · 插图制作］谢成水 · 张力军 · 赵蓉 · 吴晓慧 · 吕文旭 · 胡祯
［出版发行］ 江苏凤凰美术出版社（南京市湖南路 1 号 邮编：210009）
［制版］ 南京新华丰制版有限公司
［印刷］ 合肥精艺印刷有限公司
［开本］ 889mm × 1194mm 1/32 印张 4.75
［版次印次］ 2003 年 4 月第 1 版 2024 年 8 月第 8 次印刷
［标准书号］ ISBN 978-7-5344-1577-7
［定价］ 78.00 元

营销部电话 025-68155675 营销部地址 南京市湖南路 1 号

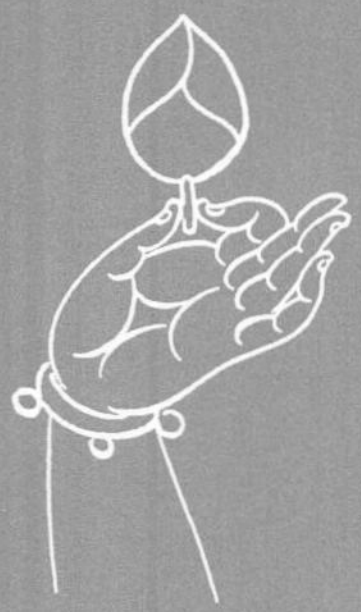

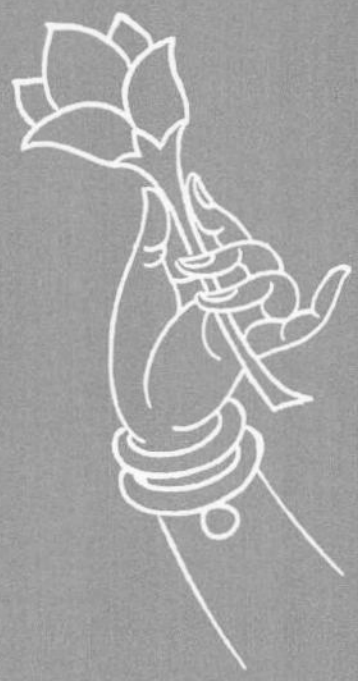